洋風でかわいいつまみ細工

ときめくデザインの小物とアクセサリー

藤川しおり

JN104684

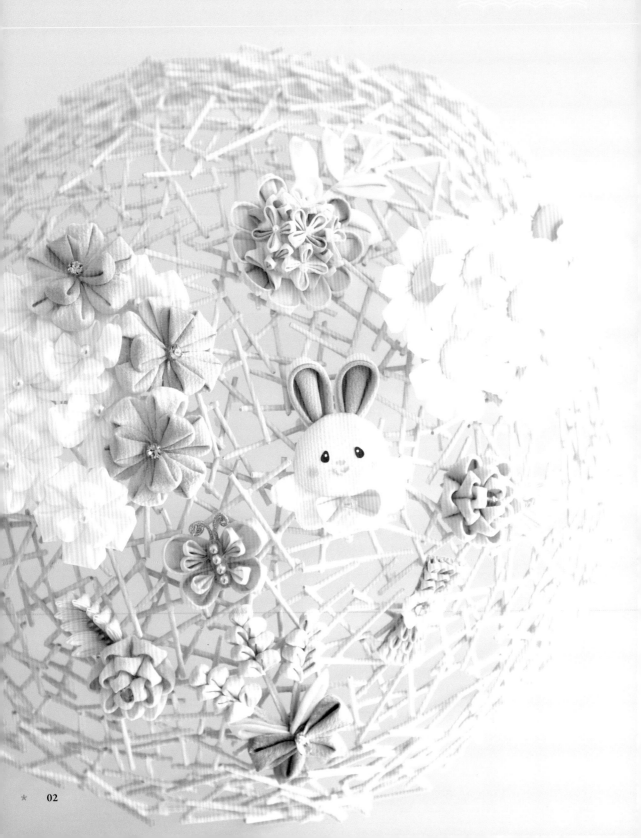

お庭のブランコに揺られながらふと見上げた青い空。
ふんわりと風にのって飛んでいく虹色のシャボン玉。
まっ白な雲の隙間から差し込む眩い光。

そんななんでもない日常で出会った光景にインスピレーションを受けて、
いつも作品を作ります。
素敵だなと思える色に布を染められたときや、
可愛いなと思える作品を作り上げることができたとき、
わたしはとても温かな気持ちになります。

本書では「洋風でかわいい」デザインやつまみ方をご紹介しています。
薔薇やタンポポ、ウサギさん、くるくる丸つまみ、ふんわりつまみ……
本書をお手にとって下さった皆さまがお気に入りの作品を見つけて、
手芸制作を楽しんでいただけたらと思っています。

本書が皆さまのおともとなることができたならとても嬉しいです。

それから、本書の企画を立て編集をしてくださったマイナビ出版の担当編集者さん。
わたしの作品を知りご依頼いただいて、
出版に向けご尽力下さいましてありがとうございました。

また、いつも優しい笑顔あふれる生徒の皆さん。
荷物運びや撮影場所の机のレイアウト替えなどの力仕事から、
一部の作品では、画用紙や布のカットなど細々としたことまで
幅広くお手伝いいただいてありがとうございました。

そして、本書の出版にあたり携わって下さった多くの皆さまには心より御礼申し上げます。

藤川 しおり

Contents

本書の使い方

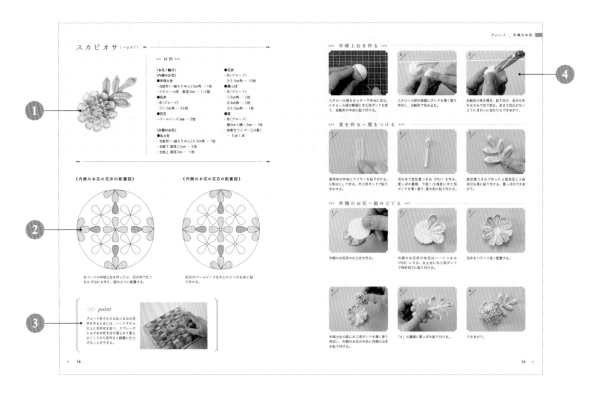

① 左上に「作品タイトル」、「作品写真」、その作品を作るために必要な「材料」が記載されています。

② 花弁や葉っぱの配置が複雑なものに関しては、イラストが記載されています。

③ 作品を作る上でのコツは「point」として記載されています。

④ 土台の作り方、お花の作り方、金具の取り付け方などを手元写真、解説文章と共に説明しています。

花弁の名称

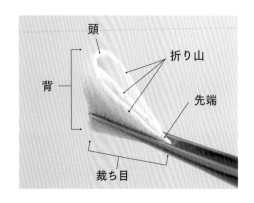

①本書では、左写真内にある名称で、花弁のそれぞれの箇所を呼称しています。

②本書では、羽二重10匁、一越ちりめんレーヨン、一越ちりめん絹、ブロード（綿100％）の布を使い作品制作を行っています。どの素材を使った場合にも、花弁の名称は同じです。

Part 1

* * * * * * *

つまみ細工の
基礎

基本的な作り方の流れ

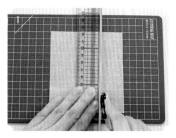

1
カッターマットに布を置き、ロータリーカッターで正方形に布を切る。手をケガしないように気を付け、布とものさしをしっかりと押さえて切ると良い。

2
土台を作る。写真は丸土台。本書では様々な土台の作り方を紹介している。

3
丸土台をコップの裏などにセットする。

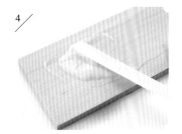

4
でんぷんのりをのり板に均等に敷く。

5
花弁を制作する。本書では13種類の花弁の作り方を掲載している。

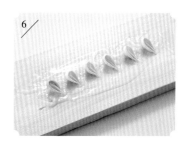

6
花弁をのり板に並べる。先端が手前にくるように並べる。

7
花弁をのり板からピンセットではさみ、「3」に配置する。

8
花弁をすべて配置し終えたら、花芯の飾りをピンセットではさみ、裏に接着剤をつけ中心に貼り付ける。

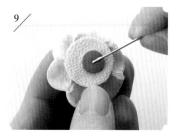

9
でんぷんのりを使用した場合は、半日〜1日乾かす。アクセサリー金具に多用途ボンドを塗り、お花の裏に貼り付ける。

地巻きワイヤーの曲げ方

《折り曲げ方A》

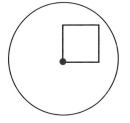

折り曲げ方Aの地巻きワイヤーを
丸土台の穴に通した図

《折り曲げ方B》

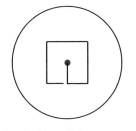

折り曲げ方Bの地巻きワイヤーを
丸土台の穴に通した図。始点が台
紙の中央にくる。

本書での地巻きワイヤーの曲げ方は図の「折り
曲げ方B」で制作しています。

　これは地巻きワイヤーの端から2.25cmを直角
に折り、2.5mm、2.5mm、5mm、5mm、5mm、2.5
mmと折ることで、始点が真ん中にくる折り方で
す。

　丸土台の中心に目打ちで穴を開け、この折り
曲げ方Bで作った地巻きワイヤーを通し、木工
用ボンドを塗って、その上に台紙上を貼り付け
ると台紙下、地巻きワイヤー、台紙上がしっか
りと接着した土台ができます。

　この曲げ方が難しい場合には、始点が真ん中
には来ないですが、5mm、5mm、5mm、5mmと
曲げる「折り曲げ方A」で作ってみましょう。

　穴から抜けないようにするだけなら、「くの
字」や「渦巻」に曲げただけでも良いと思います。

　ただ、いろいろと試してみて、「くの字」だ
と地巻きワイヤーの接着部分が少なく不安定に
なり、「渦巻」ではワイヤーが浮きやすくなり
ます。角を作った方が安定しやすいということ
から、本書では「折り曲げ方B」や「折り曲げ
方A」で制作しています。

ワイヤー付き丸土台の作り方

1. テンプレート定規で画用紙に円を描いて
切りとり、台紙下2枚を貼り合わせて
台紙布の中央に貼り付ける。表面に木工
用ボンドをつまようじで薄く塗り伸ば
す。

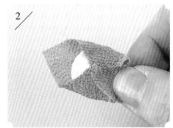

2. 台紙下を覆うように台紙布を貼ってい
く。まずは台紙布の四隅を折りたたんで
貼り付ける。その後、余った布を押し開
くように貼り付けていく。

3. 「2」を裏返して、中心に目打ちで穴を
あける。

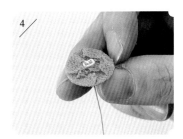

4. 「地巻きワイヤーの曲げ方」を参照し、
折り曲げた地巻きワイヤーを「3」の穴
に通す。

5. 「4」の上に台紙上を貼る。台紙上の裏
側に均一に木工用ボンドを塗り伸ばし、
貼り付ける。しっかりと接着させるため
に洗濯ばさみで丸土台をはさむ。

6. できあがり。

～ 布の切り方 ～

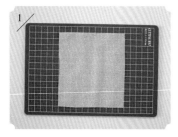

カッティングマットの升目に、布の端を合わせて置く。

ものさしをあてて、ロータリーカッターで下から上へ切る。ずれないようにしっかりと手で押さえる。

「2」で短冊状に切り終えた布の向きを90度回して、カッティングマットの上に置きなおし、「2」の要領で正方形に切る。

正方形に切り終えたところ。

たくさんの布を一度に切る場合には、短冊上の布を複数並べて勢いよく、下から上へ切る。

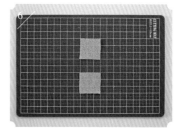

正方形に切り終えたところ。

～ のり板の準備 ～

でんぷんのりをのりへらで、よくかき混ぜる。

のりへらにでんぷんのりを適量とり、のり板にのせる。

厚さが均等になるように、のりへらを左右に数回動かして、伸ばす。

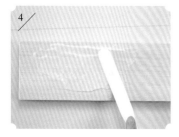

通常は3〜4mm程度の厚さになるようにし、分厚い布を扱う場合は5mm程度になるようにする。

均等にでんぷんのりを伸ばし終えたところ。

のりが固い場合には、スプレーボトルに入れた水を吹きかけて、こね直す。乾いて固くなったでんぷんのりはこそぎ取り、捨てる。

お花の制作に使う作業土台の紹介

目線の高さによって、作業土台の高さを変えることで
細かな作業が容易になります。自分に合った高さのコップや
ペットボトルなどを使って制作してみましょう。

❧ コップを使う ❧

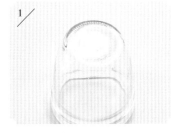

ガラスコップを逆さまにして置く。

平らな面にマスキングテープを輪にして
貼り付ける。

マスキングテープの上に丸土台を貼り付
け、しっかりと押さえる。

❧ ペットボトルを使う ❧

ペットボトルのふたの上にマスキング
テープを輪にして貼り付ける。

ワイヤーをペットボトルの側面に沿わせ
てマスキングテープで貼り付ける。

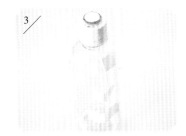

2〜3箇所マスキングテープを貼り付け
て、ワイヤーが浮かないようにする。

❧ 木を使う ❧

切り込みのある木を用意する。木の断面
でケガをしないように、木を使う前に、
やすりをかけると良い。

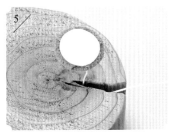

ワイヤーを切り込みに折り込んだ状態で
入れ込む。

ワイヤー付き丸土台が浮かないように
しっかりとセットする。丸土台の面が水
平になるようにする。

材料

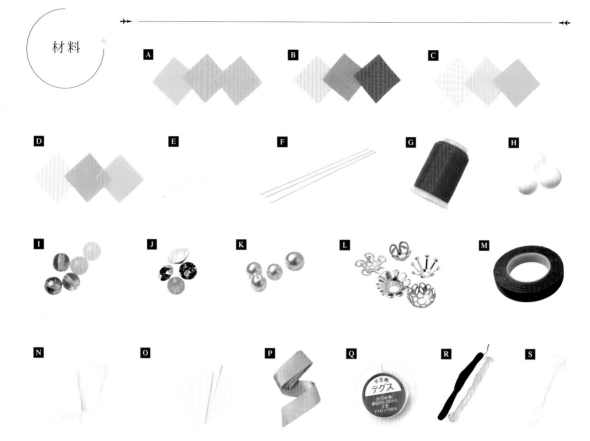

A ブロード(綿100%)

安価で一般的な手芸店で入手しやすい布。本書では著者自身が染色したものを使用しているほか、染色済みの既製品の布も活用。

B 一越ちりめん布(レーヨン)

細かなしぼがあり、柔らかいので、初心者でも扱いやすい布。

C 一越ちりめん布(絹)

細かなしぼがあり、うっすらとした光沢があるので、高級感がある。

D 羽二重(10匁)

平織の絹100%の布。本書では著者自身が染色した布を使用。

E 地巻きワイヤー

本書ではワイヤー付き丸土台(P9)の制作などで使用。主に24番と28番を使用。番号が大きくなるほど細くなる。

F 裸ワイヤー(18番)

リースの骨組みとして使用。

G 糸(ポリエステル)

お花を組むときに使用する。ブーケなどで使用。

H スチロール球

半球土台を作るときに使用する。直径の大きさが異なるものが販売されている。

I ビーズ

お花の花芯を飾ったり、白鳥のブローチ(P74・86)などの彩りとして使う。

J ラインストーン

お花の花芯を飾るときに使う。本書では主に6mmのものを使用。

K パールビーズ

お花の花芯を飾るときに使う。本書では4mm、5mmを主に使用。

L 座金

お花の花芯を飾るときに使う。

M フローラルテープ

リース土台制作に使用する。

N コットン綿

イースターガーランドのうさぎさん(P90・97)の顔の制作に使用する。

O 画用紙

台紙制作に使用する。

P リボン

本書ではペーパーカスケード(P44・P52)制作や、イースターガーランド(P90・P96)制作で使用。

Q テグス

花芯を作るときにビーズの固定などに使う。

R 刺繍糸

花の茎の部分を作るときや、白鳥のブローチ(P74・86)に使用する。

S 唐打ちひも

白鳥のブローチ(P74・86)などに登場する。白鳥の頭から首の部分に使用する。

道具

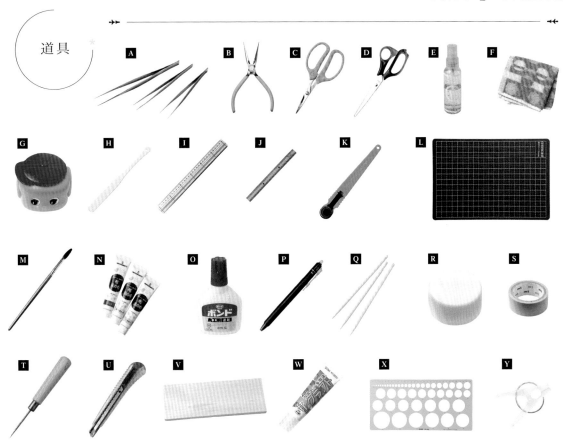

A ピンセット
布を折りたたみ、花弁を制作するときに使う。長さや太さは自分の手に合うものを選ぶと良い。

B ペンチ
ワイヤーを折り曲げるときに使う。

C はさみ
台紙を円形状にカットするときなどに使う。

D 裁ちばさみ
布をカットするときに使う。

E スプレーボトル
ハンドタオルに吹き付け、ピンセットの先端が汚れたときに使う。

F ハンドタオル
ピンセットの先端が汚れたときにふき取る。

G でんぷんのり
花弁を接着するときに使う。

H のりへら
でんぷんのりをかき混ぜたり、のり板に伸ばすときに使う。

I ものさし（長いもの）
布をロータリーカッターで切るときに使う。

J ものさし（短いもの）
お花を組むときや、折り曲げるときの目安を測るために使う。

K ロータリーカッター
布を切るのに使う。

L カッティングマット
ロータリーカッターで布を切るときに使う。

M 筆
布絵具で布を染めるときに使う。

N 布絵具
布を染めるときに使う。

O 木工用ボンド
台紙を貼り合わせたり、ビーズなどを貼り付けるときに使う。

P ペン
半球土台の制作のときに、中心を測るために使う。

Q つまようじ
細かな部分に木工用ボンドを塗るときに使う。

R ペットボトルのふた
木工用ボンドをのせる台として使う。

S マスキングテープ
丸土台などを、作業土台に固定するときに使う。

T 目打ち
ワイヤー付き丸土台を制作するときなどに中心に穴を開けるために使用する。

U カッター
スチロール球をカットするときに使用する。

V のり板
でんぷんのりをのせるときに使う。

W 多用途ボンド
作品に金具を取り付けるときに使用する。

X テンプレート定規
台紙制作のときに使う。

Y 洗濯ばさみ
土台の接着面を固定するときに使う。

リース土台の作り方

《用意するもの》

裸ワイヤー(18番)45cm … 3本
裸ワイヤー(18番)22.5cm … 3本
フローラルテープ … 適量

◇ 丸いリース土台 ◇

1

45cmの裸ワイヤーを3本持ち、中央10cm程度の長さにフローラルテープを巻いていく。

2

「1」の箇所に、直径1.5cmの筒をあてて円を作る。壁に飾るとき、フックにひっかけるところとなる。

3

「2」で作った円の下部にフローラルテープを巻き、固定する。

4

「3」で作ったものを半円に成型し、下部に22.5cmの裸ワイヤー3本をあてる。

5

つなぎ目にフローラルテープを巻いて固定する。

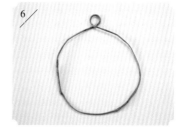

6

リース土台のできあがり。

◇ リース土台へのお花の巻き留め方 ◇

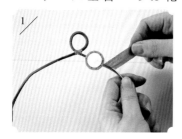

1

リース土台にワイヤー付き丸土台を1輪ずつ沿わせて、フローラルテープで巻き留めていく。

2

「1」の花の隣に、時計回りに次の花を添えて、フローラルテープで巻き留めていく。フローラルテープはしっかりと伸ばしてから粘着部分をだし、巻いていく。

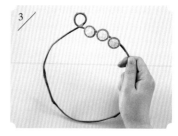

3

3輪目も「2」と同じ要領で巻き留めていく。1周分お花を取り付けることができれば、できあがり。

Part 2

基本のお花の
作り方

丸つまみと剣つまみのお花

基本的な丸つまみと剣つまみを使って作るお花です。
色味や組み合わせの違いによって様々な印象になります。

How to make ▶ P32

ハート型リース

繊細な花びらがお部屋を可愛く彩るリース。

小さめのサイズなのでドアや小窓に飾ってみましょう。

How to make ▶ *P34*

ダイヤ型リース

白いお花にブルーのハートをそえた、
冬にぴったりのエレガントなリースです。
How to make ▶ P36

ハートつまみのちょうちょ

カラフルで楽しげな様子のちょうちょたち。
アクセサリーや小物のアクセントになります。
How to make ▶ *P38*

白いお花のブーケ

丸みのあるお花がやさしい雰囲気のブーケ。

もらった人も心温まる一品です。

How to make ▶ P39

青 い お 花

上品に並んだとんがりつまみを使った青いお花。
ブローチなどで身に着けたら一目置かれそう。
How to make ⊙ *P40*

ギャザーつまみと
ふんわりつまみのお花

ひらひらとした華やかな花びらが特徴的。
つまみ細工でこんなにキュートなお花も作れます。
How to make ▶ *P41*

2枚丸つまみのお花

シックで落ち着きのあるお花たち。
2枚の生地で作るので深みが増して豪華に見せてくれます。

How to make ▶ P42

基本的なつまみの種類

材料や道具、基礎的な流れを理解したら、基本的なつまみ作りに挑戦しましょう。
手順を覚えてしまえばお花や葉っぱなどあらゆるモチーフを作れるようになれます。

◆ 丸つまみ

つまみ細工の基礎。丸みのある可愛い形が特徴。一番最初に挑戦するのにおすすめです。

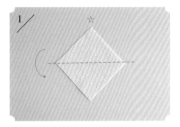

正方形にカットした布を1枚用意する。

☆の位置をピンセットではさみ、手前に倒し対角線で折り、下の角に合わせる。

折りたたんだところ。

「3」を90度回転させて、ピンセットで水平にはさむ。

手前に折りたたむ。○の位置と●の位置を合わせる。

○の位置をピンセットではさみ、☆の位置(先端)に合わせる。

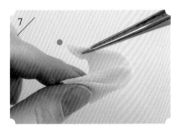

もう片側も同様にする。●の位置をピンセットではさみ、☆の位置(先端)に合わせる。

☆の位置に○と●を合わせたところ。

頭の中心にまっすぐにピンセットを差し入れる。

内側に頭を入れ込んだところ。

先端をピンセットではさみ直す。丸つまみのできあがり。

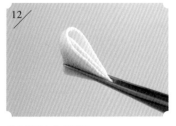

別の角度からの写真。

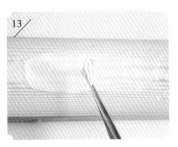

P10 を参照してのり板の準備をする。花弁をピンセットで先端からはさみ、のり板にのせる。

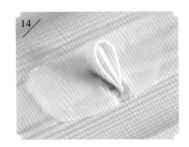

のり板に 1 個のせた状態。

複数個の花弁をのり板に並べた状態。先端が手前にくるようにのせると良い。

◆ 2 枚丸つまみ

生地を 2 枚重ねて作る丸つまみ。1 枚生地で作るより深みのある印象になります。

外側にしたい布を☆の位置よりも右に 3 mm ほどずらして重ねる。

対角線で布を 2 枚一緒に手前に折りたたむ。○の位置を●の位置に合わせる。

左ページの丸つまみ「6」〜「8」の工程を参照し、☆の位置 (先端) に○と●を合わせる。

頭の中心にまっすぐピンセットを差し入れる。

丸つまみと同じように、内側に頭を入れ込んだところ。

できあがり。外側と内側の布の高さが同じになるようになっていると良い。

《 2 枚丸つまみの色の組み合わせ》

同系色で揃えるとグラデーションになり、立体感が出て美しい印象になります。

◆ハートつまみ

丸つまみを応用した可愛らしい形のつまみ。頭を返さずに作るのが特徴です。

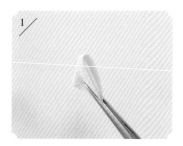

1/

丸つまみを作る。（P24）

2/

先端につまようじで少量のボンドをつけ、貼り合わせる。袋状になっている裁ち目の内側にも木工用ボンドを塗る。

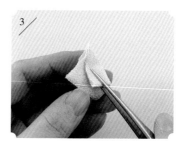

3/

端をピンセットではさみ内側に折りたたむ。

4/

左側も端をピンセットではさみ、内側に折りたたむ。重なり合う。

5/

裏側を折りたたんで表に向けたところ。

6/

できあがり。2つを作ってくっつければ、ハートの形に。

◆とんがりつまみ

頭のツンとした形が特徴的。シャープなシルエットで他と違った雰囲気に。

1/

丸つまみを作る。（P24）

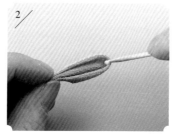

2/

頭の内側につまようじで少量のボンドをつける。

3/

ピンセットではさみ、頭をとがらせる。

4/

ピンセットの向きを変えて、さらにはさむ。

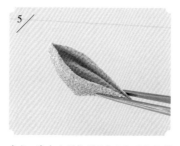

5/

きれいなとんがりができたらできあがり。

✤ point

頭をとがらせるときは、10秒ほどピンセットではさんだ状態をキープする。しっかりと乾いて形がついたことを確認してから、ピンセットをはずすときれいに仕上がる。

◆ ふんわりつまみ

ふっくらと仕上げるつまみの形。花芯や小さな花びらを作るときにぴったり。

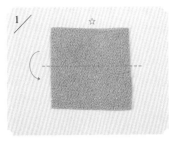

☆の位置をピンセットではさみ、手前に倒し点線の位置で布を折る。

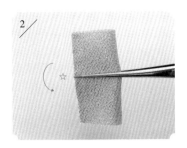

「1」の向きを90度回転させて、さらに手前に倒して布を半分に折る。

●のところをピンセットではさみ、☆の位置まで持ってくる。

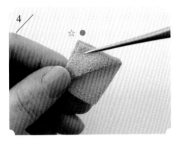

☆の位置に●の布の端を持ってきたところ。もう片側も同じ要領で☆の位置に布の角を合わせる。

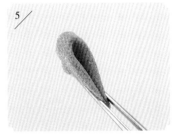

花弁を起こして、ピンセットではさみ直したらできあがり。

> *point*
>
> 布を折りたたむときは、つぶしてしまわないように、強く押さえずにふんわりと行うのがコツ。

◆ くるくる丸つまみ

中心が渦巻になっているキュートなつまみ。他にないデザインで目を引きます。

丸つまみを作る（P24）

中心の部分の布端をピンセットではさみ、渦巻状に丸めていく。

中心にくるくる（渦巻）ができた状態。

形がくずれてしまわないように気を付けながら、渦巻の部分につまようじで木工用ボンドを塗る。渦巻が戻らないのを確認する。

先端にボンドを塗り両側の布を貼り付ける。

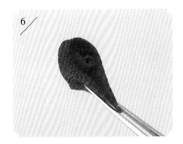

できあがり。

◆ 扇つまみ 丸つまみの応用編。扇のような形が華やかで立体感を演出します。

1/

丸つまみの工程（P24）の「8」までを作る。

2/

裁ち目の面を向け、花弁の先端に少量のボンドをつけ、貼り合わせる。

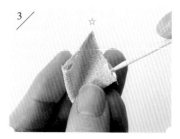

3/

袋状になっているところの内側（裁ち目の内側）にボンドを塗り、貼り合わせる。

4/

花弁を裏側に向けて、中心の線で左右からそれぞれ折りたたむ。

5/

頭の中央に親指を差し入れて、裏返す。

6/

できあがり。

- -

◆ 変形扇つまみ 扇つまみの変化系。扇つまみより細いシルエットが特徴。

1/

扇つまみの工程「3」まで作った後、裏側に向け、多めに重ね合わせる。

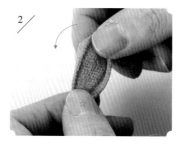

2/

表に向けて、頭の中央に親指を差し入れて、裏返す。

3/

変形扇つまみは、扇つまみに比べて、細い形になる。

《基本のつまみの組み合わせ例》

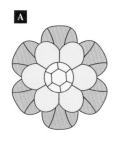

A

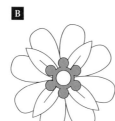

B

C

A 1段目　扇つまみ…6個
2段目　丸つまみ…6個
花芯　ラインストーン…1粒

B 1段目　ハートつまみ…8個
2段目　変形葉つまみ…4個
花芯　座金…1個
　　　ビーズ…1粒

C 1段目　葉つまみ…6個
2段目　葉つまみ…6個
3段目　2枚剣つまみ…6個
花芯　ビーズ…7粒

◆ ギャザーつまみ

折り山が多く華やかな見た目のつまみ。ひだの数によって立体感に変化をつけられます。

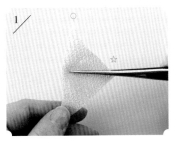

布を三角形に折る。☆位置（先端）を手前にしてピンセットで水平にはさむ。

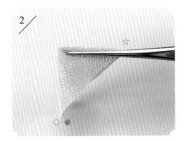

「1」を半分に折りたたんだ後、ピンセットを一度抜き、はさみ直す。

「2」の●の位置の布を指で上に持ち上げる。もう片方の○側も同様に持ち上げる。

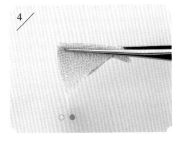

ピンセットを抜いて、「3」の向きから180度回転させ、上部をピンセットではさみ直す。

「2」と同じように、「4」の○と●の部分を上に持ち上げる。

ピンセットを抜き、向きを180度回転させる。

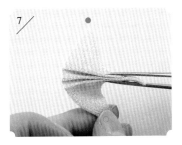

3すじのギャザーができている状態。

根元の両面に木工用ボンドを薄く塗り、○の位置をピンセットではさみ、根元に貼り付ける。

根元に貼り付け終えたところ。

「9」の△と▲を花弁の裏側に少量の木工用ボンドを塗り、貼り付ける。

根元を写真の位置で斜めにカットする。

できあがり。「2」～「6」の工程を繰り返す回数によって、ギャザー（すじ）の数が変わる。写真のギャザーつまみは3すじ。

◆剣つまみ   昔からある基本的なつまみのひとつ。剣先のような形が特徴的。

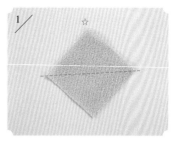

☆の位置をピンセットではさみ、対角線で布を折りたたみ、☆を下の角に合わせる。

折りたたんだところ。

向きを90度変えて、ピンセットではさみ、手前に折りたたむ。

折りたたんだところ。

「4」の●の位置を上にし、ピンセットで中心をはさみ直す。左右を内側に折りたたむ。

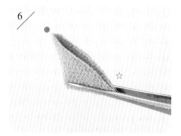

できあがり。頭をしっかりとピンセットではさんでとがらせる。

◆2枚剣つまみ   2枚の生地で作る剣つまみ。
1枚で作るよりも厚みがでてふっくらとした見た目になります。

剣つまみの工程「4」までを制作し、内側にしたい色の布を表側にしてややずらし重ねる。中心をピンセットではさむ。

両端を内側に折りたたむ。折りたためたら、ピンセットを抜く。

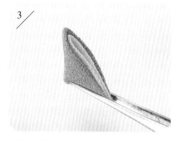

できあがり。

《2枚剣つまみの色の組み合わせ》

同系色だと立体感が出て、バイカラーだとより華やかな印象になる。

◆ 葉つまみ　剣つまみを応用して作る葉っぱの形のつまみ。葉以外に花弁として使っても素敵です。

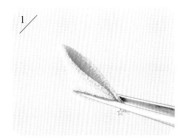

1／

剣つまみを作る。（左ページ参照）

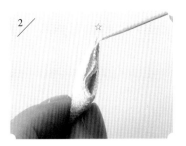

2／

先端に少量の木工用ボンドをつけて、貼り合わせる。

3／

裁ち目の内側にも木工用ボンドを薄く塗っていき、貼り合わせる。

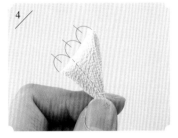

4／

横から見たときに、背を3等分に目算し、裁ち目から1/3のところで折り曲げる。

5／

指を中心に添えて、押し開くように裏返す。

6／

できあがり。

◆ 変形葉つまみ　葉つまみのさらに細い形が特徴。花の種類によって使い分けると良いでしょう。

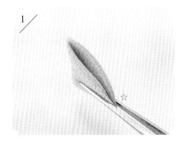

1／

剣つまみを作る。（左ページ参照）

2／

葉つまみの工程と同じように裁ち目に木工用ボンドを塗って乾かす。

3／

指を中心にあて、押し開くように裏返す。

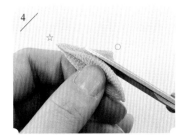

4／

余分な布をはさみで切り取る。

5／

切り取った断面に木工用ボンドを少量塗り、形を整える。

6／

できあがり。葉つまみよりも細い仕上がりになる。

丸つまみと剣つまみのお花 (→p16)

❦ 材料 ❧

《お花1輪分》

●丸土台
・台紙布（一越ちりめん）3cm角 …1枚
・台紙下　直径1.9cm …2枚
・台紙上　直径1.5cm …1枚

●花弁
・布（一越ちりめん）
　3cm角 …6枚

●花芯
・ビーズ5mm …1粒

●葉っぱ
・布（ブロード）2cm角 …5枚

●葉っぱの土台
・台紙布（一越ちりめん）
　2cm角 …1枚
・台紙下（型紙A）…2枚
・台紙上（型紙B）…1枚

●全体土台
・台紙下　縦5mm×横3cm …3枚
・台紙布（一越ちりめん）
　縦1.5cm ×横4cm…1枚

【作品に使用するつまみ方の種類】丸つまみ(P24)、剣つまみ(P30)

型紙

台紙布 2cm角

型紙A

型紙B

台紙下
直径1.9cm

台紙上
直径1.5cm

台紙布 3cm角

❦ 丸つまみのお花を作る ❧

1 花弁の布を丸つまみ(P24)にし、先端をピンセットではさみ、丸土台に1つ配置する。

2 時計回りに3つ配置し終えたところ。

3 背のくぼみにピンセットの先端を差し入れ、花弁の大きさを調整する。真上から見て、隙間ができているときは、となり合う花弁のそれぞれの背のくぼみにピンセットを差し入れ、密着させる。

4 「2」と同じように4つ目の花弁も配置する。

5 6つ目も配置し終えたところ。向かい合う花弁の向きや角度に気を付ける。楕円形でなく円に配置することが綺麗に仕上げるコツ。

6 花芯のビーズを貼り付けてできあがり。

⚭ 剣つまみの葉っぱを作る ⚭ ....

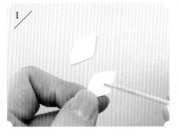

型紙Aを画用紙で2枚作り、木工用ボンドで貼り合わせる。

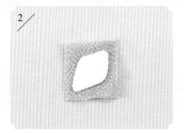

台紙布の中央に「1」を貼り付ける。

型紙Aの表面に木工用ボンドを塗り、覆うように台紙布を貼っていく。その上に型紙Bを1枚貼り付ける。

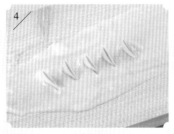

葉っぱの布で剣つまみ (P30) を作り、のり板の上に5個並べる。

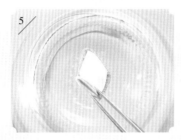

「3」の土台の上に、下側から剣つまみを配置していく。

左右が同じ角度になるように2枚目も配置していく。

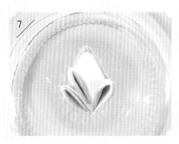

続けて3枚目も配置していく。剣つまみの花弁の裁ち目に均等にでんぷんのりがついていると良い。

4枚目を配置し終えたところ。

先端の5枚目を差し込んで、できあがり。

⚭ 全体土台に貼り付ける ⚭ ....

全体土台の台紙を貼り合わせ、台紙布の中央におき、全体土台を作る。端から2cmのところまで木工用ボンドを塗り、花の裏に貼り付ける。

つづけて葉っぱを貼り付ける。葉っぱの先端を、花弁の間に差し込むように貼り付ける。隙間が出ないよう注意する。

できあがり。

ハート型リース (→p17)

≪構成するお花の種類と数≫
・剣つまみのお花(小)… 11個
・剣つまみのお花(大)… 5個
・丸つまみの葉っぱ… 6個

〜 材料 〜

〈剣つまみのお花(小)1輪分〉
●ワイヤー付き丸土台
・台紙布(一越ちりめん)2cm角 … 1枚
・台紙下　直径1.2cm … 2枚
・台紙上　直径1cm … 1枚
・地巻きワイヤー(24番)12cm … 1本
●花弁
・布(ブロード)
　2cm角 … 8枚
●花芯
・座金 … 1個
・パールビーズ … 1粒

〈剣つまみのお花(大)1輪分〉
●丸土台
・台紙布(一越ちりめん)
　2.5cm角 … 1枚
・台紙下　直径1.5cm … 2枚
・台紙上　直径1.2cm … 1枚
・地巻きワイヤー(24番)12cm … 1本

●花弁
・布(ブロード)2.5cm角 … 8枚
●花芯
・ビーズ6mm … 1粒

〈丸つまみの葉っぱ1個分〉
●葉っぱ
・布(ブロード)
　2cm角 … 5枚
●葉っぱの土台
・台紙下(型紙A) … 2枚
・台紙上(型紙B) … 1枚
・台紙布(一越ちりめん)
　2cm角 … 1枚
・地巻きワイヤー(24番)
　12cm … 1本
●リース土台
・裸ワイヤー(18番)
　45cm … 2本
・フローラルテープ … 適量

【作品に使用するつまみ方の種類】丸つまみ(P24)、剣つまみ(P30)

型紙

| 直径 1.5cm | 直径 1.2cm | 直径 1cm | 台紙布 2.5cm角 | 台紙布 2cm角 | 型紙A | 型紙B |

ハート型リース土台のサイズ

12cm
9cm

※リース土台の作り方は(P14参照)。

《花の配置位置》

↓剣つまみのお花(大)　　　↓丸つまみの葉っぱ

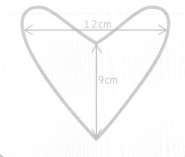

↑剣つまみのお花(小)

剣つまみのお花を作る

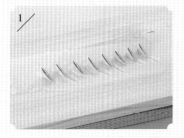
1 ／
花弁の布で剣つまみ (P30) を作り、のり板の上に 8 個並べる。

2 ／
コップの上にマスキングテープを貼り (P11)、ワイヤー付き丸土台 (P9) を固定する。

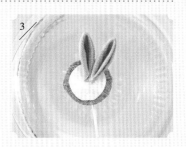
3 ／
剣つまみを配置していく。8 個で 360 度になるように均等に並べる。

4 ／
隣り合う花弁の隙間を調節しながら、ピンセットで先端をはさんで配置していく。

5 ／
対面する花弁の角度に気を付けながら調整する。

6 ／
座金とパールビーズを中心に貼り付けたらできあがり。

丸つまみの葉っぱを作る

1 ／
型紙 A を画用紙で 2 枚作り、木工用ボンドで貼り合わせる。

2 ／
台紙布の中央に「1」を貼り付ける。型紙 A の表面に木工用ボンドを塗り、覆うように台紙布を貼っていく。

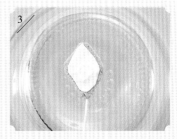
3 ／
その上に、P9 を参考にワイヤーを通したら、型紙 B を 1 枚貼り付ける。

4 ／
のり板の上に丸つまみ (P24) を 5 個並べる。

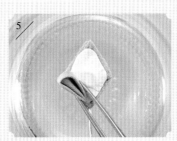
5 ／
「3」の土台の上に、下側から葉っぱを配置していく。

6 ／
先端の 5 枚目を差し込んで、できあがり。

ダイヤ型リース (→p18) ✦ ━━━━━━━━━━━━━━ ◀◀

〜 材料 〜

〈葉つまみのお花1輪分〉

●ワイヤー付き丸土台
・台紙布(一越ちりめん)
　3cm角 … 1枚
・台紙下　直径2.1cm … 2枚
・台紙上　直径1.5cm … 1枚
・地巻きワイヤー(24番)
　12cm … 1本

●花弁
・布(羽二重)
　ⓐ3cm角 … 6枚
　ⓑ3.5cm角 … 6枚

●花芯
・パールビーズ6mm … 1粒
・座金 … 1個

〈くるくる丸つまみのハート1個分〉

●花弁
・布(一越ちりめん)
　4cm角 … 2枚

●その他
・地巻きワイヤー(24番)12cm … 1本

●リース土台
・裸ワイヤー(18番)45cm … 3本
・フローラルテープ … 適量

【作品に使用するつまみ方の種類】葉つまみ(P31)、くるくる丸つまみ(P27)

型紙

台紙下
直径2.1cm

台紙上
直径1.5cm

台紙布 3cm角

《構成するお花の種類と数》
・葉つまみのお花…14輪
・くるくる丸つまみのハート…5個

〜 葉つまみのお花を作る 〜 ━━━━━━━━━━

1

ワイヤー付き丸土台を作る(P9)。

2

ⓑの布で葉つまみを作る(P31)。花弁の裏側下部1/3に木工用ボンドを塗り、花弁を貼り付ける。時計回りに花弁を貼り付けていく。

3

3つの花弁を貼り付けたところ。

4

1段目の花弁を4つ貼り付けたところ。向かい合う花弁の向きに気を付ける。

5

1段目の花弁の残りも「4」の要領で貼り付ける。ⓐの布で葉つまみを6つ貼り終えたら、2段目の花弁を1段目の花弁の間に貼り付けていく。中心を押さえ、しっかりと貼り付ける。

6

座金とパールビーズの裏側に木工用ボンドを塗り、ピンセットではさみ中心に貼り付ける。できあがり。

くるくる丸つまみのハートを作る

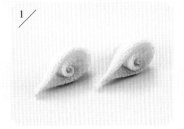

1

くるくる丸つまみ（P27）を作る。2つ用意する。

2

裏に向け、つまようじの先端に少量の木工用ボンドをつけ、花弁の裏に縦に塗る。

3

ハートの形になるように、2つの花弁を貼り付ける。よく乾かす。

4

地巻きワイヤーの先端につまようじで木工用ボンドを塗り伸ばす。

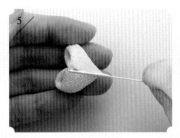

5

「3」の裏に「4」で用意したワイヤーを貼り付ける。

6

よく乾かした後、表に向けてできあがり。

《ダイヤ型リース土台のサイズ》

15 cm

18.5 cm

※リース土台の作り方はP14参照。

《花の配置位置》

※花の色を分かりやすくするため、配置図では葉つまみの花をオレンジ色にしています。

《花弁の配置のアレンジ》

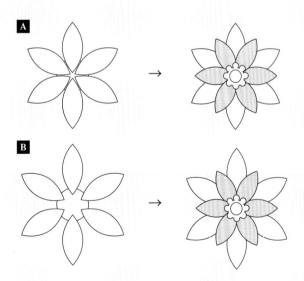

A

B

1段目の花弁をワイヤー付き丸土台に貼り付ける際、「A」のように中心の空間をあけずに配置するか、「B」のように中心の空間をあけて配置するかで完成サイズの大きさが異なります。

「A」「B」どちらの場合も、2段目の花弁は中心の空間をあけずに配置し、真上から見たときにワイヤー付き丸土台が見えないようにしましょう。

同じサイズの花弁で制作しても、花弁の配置アレンジで完成サイズを変えることができるので、リースやブーケを作るときに適宜ご選択下さい。

ハートつまみのちょうちょ (→p19)

〜 材料 〜

〈ちょうちょ（1頭分）〉
●ちょうちょ土台
・台紙布（一越ちりめん）
　縦2.5cm×横3.5cm … 1枚
・台紙上　直径1.2cm … 1枚
・台紙下　直径1.5cm … 4枚
●触角
・刺繍糸 … 適量
・地巻きワイヤー（24番）6cm … 1本

●ちょうちょ体
・パールビーズ4mm … 4粒
・台紙下　縦2cm×0.5cm … 2枚
・台紙布（一越ちりめん）
　台紙下より一回り大きいもの … 1枚
●羽
・布（羽二重）
　ⓐ4cm角 … 2枚
　ⓑ3.5cm角 … 2枚
　ⓒ2cm角 … 6枚

【作品に使用するつまみ方の種類】ハートつまみ(P26)、丸つまみ(P24)

〜 ちょうちょを作る 〜

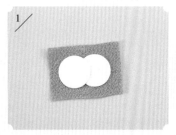

1／ ちょうちょ土台を作る。台紙布に、台紙下を中心部分が交互に重なるように4枚貼り付ける。

2／ 台紙布の周囲に切り込みをはさみで入れる。

3／ 台紙をくるむように台紙布を貼り付けていく。中心に台紙上を貼り付ける。

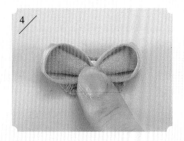

4／ ⓐの布で作ったハートつまみ（P26）を「3」に木工用ボンドで貼り付ける。

5／ ⓑの布で作ったハートつまみを「4」に貼り付ける。ポイントは左右対称になるようにすること。

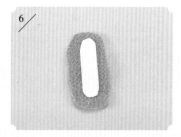

6／ ちょうちょの体の台紙は2枚を貼り合わせる。角をはさみで落とし、丸みをつける。一回り大きな台紙布に貼り付ける。

7／ 6cmの地巻きワイヤーにでんぷんのりを塗り、刺繍糸を巻き付ける。乾かした後、半分に折り、先端をペンチで渦巻にする。

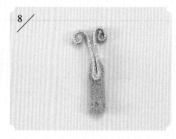

8／ 「6」の体の裏に「7」の触角を木工用ボンドで貼り付ける。しっかりと押さえる。

9／ ⓒの布で作った丸つまみ（P24）を写真の位置に配置して、半日から1日程度乾かす。体の上にビーズを貼り付けたらできあがり。

白いお花のブーケ（→p20）

≪構成するお花の種類と数≫
変形扇つまみのお花…3輪
扇つまみのお花…9輪

※P88「ブーケの糸での巻き留め方」を
参照に組み立てる。

❧ 材料 ❧

〈変形扇つまみのお花1輪分〉
●ワイヤー付き丸土台
・台紙布（一越ちりめん）3cm角 … 1枚
・台紙下　直径2.1cm … 2枚
・台紙上　直径1.5cm…1枚
・地巻きワイヤー（24番）18cm … 1本
●花弁
・布（一越ちりめん）
　ⓐ3cm角 … 3枚
　ⓑ3.5cm角 … 6枚
●花芯
・ラインストーン5mm … 1粒

〈扇つまみのお花1輪分〉

●ワイヤー付き丸土台
・台紙布（一越ちりめん）
　3cm角 … 1枚
・台紙下　直径2.1cm … 2枚
・台紙上　直径1.5cm … 1枚
・地巻きワイヤー（24番）
　18cm … 1本
●花弁
・布（羽二重）
　2.5cm角 … 3枚
　3.5cm角 … 5枚
●花芯
・ラインストーン5mm … 1粒

【作品に使用するつまみ方の種類】変形扇つまみ（P28）、扇つまみ（P28）

型紙

台紙下
直径
2.1cm

台紙上
直径
1.5cm

台紙布 3cm角

《扇つまみ》

《変形扇つまみ》

❧ 変形扇つまみのお花を作る ❧

1

ワイヤー付き丸土台を作る（P9）。ⓑの布で変形扇つまみを作る（P28）。花弁の裏側、下部1/3に木工用ボンドを塗り、花弁を貼り付ける。

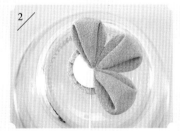
2

時計回りに花弁を貼り付ける。3つの花弁を貼り付けたところ。

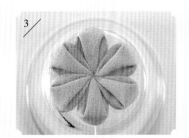
3

向かい合う花弁の向きに気を付けて、6個を貼り付ける。これで1段目が終わり。

4

ⓐの布で2段目の花弁を作り、1段目の花弁の間に貼り付ける。中心を指でしっかりと押さえて、貼り付けていく。

5

2段目の花弁の残りも「4」の要領で貼り付ける。

6

ラインストーンの裏側に木工用ボンドを塗る。ピンセットで中心に貼り付けて、できあがり。

青いお花 (→p21)

～ 材料 ～

〈お花1輪分〉
●丸土台
・台紙布(一越ちりめん)
　3cm角 … 1枚
・台紙下　直径1.9cm … 2枚
・台紙上　直径1.5cm … 1枚
●花弁
・布(一越ちりめん)
　ⓐ3cm角 … 6枚
　ⓑ2.5cm角 … 6枚

●花芯
・ラインストーン6mm … 1粒
●葉っぱ
・布(一越ちりめん)4.5cm角 … 1枚
●茎
・布(一越ちりめん)
　縦1.5cm×横5cm … 1枚
・地巻きワイヤー(24番)5cm … 1本

【作品に使用するつまみ方の種類】とんがりつまみ(P26)、変形葉つまみ(P31)

型紙

（台紙下
直径1.9cm）

（台紙上
直径1.5cm）

台紙布3cm角

茎用布 縦1.5cm × 横5cm

～ お花と葉っぱを作る ～

1
丸土台を作る（P8）。ⓐの布でとんがりつまみを作る（P26）。のり板にでんぷんのりを敷き、花弁を並べる。花弁の裁ち目にしっかりとのりがつくようにする。ピンセットではさみ、土台に配置する。

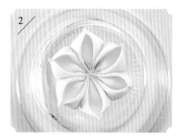

2
向かい合う花弁の向きに気を付けて、6個を貼り付ける。これで1段目が終わり。

3
ⓑの布で2段目の花弁を作り、1段目の花弁の間に配置していく。

4
ラインストーンの裏側に木工用ボンドを塗る。ピンセットではさみ中心に貼り付ける。できあがり。

5
変形葉つまみ（P31）を作る。茎を作る（P55）。茎の下部に木工用ボンドを塗り、葉っぱを貼り付ける。

6
「5」に「4」で作ったお花を貼り付けてできあがり。

ギャザーつまみとふんわりつまみのお花（→p22）

〰 材料 〰

〈お花1輪分〉

●丸土台
・台紙布（一越ちりめん）3cm角…1枚
・台紙下　直径2.1cm … 2枚
・台紙上　直径1.9cm … 1枚

●花弁
・布（一越ちりめん）
　ⓐ4cm角 … 12枚
　ⓑ2cm角 … 6枚

●花芯
・ビーズ3mm … 3粒

【作品に使用するつまみ方の種類】ギャザーつまみ(P29)、ふんわりつまみ(P27)

型紙

台紙下
直径2.1cm

台紙上
直径1.9cm

台紙布 3cm角

〰 色合わせ 〰

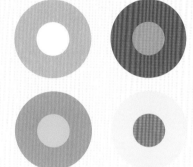

1段目と2段目の色と、3段目の色の組み合わせを変えると、雰囲気が変わります。様々な色を組み合わせて楽しんでみましょう。

〰 お花を作る 〰

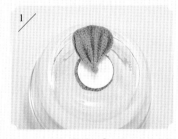

1／
丸土台を作る（P8）。ⓐの布で4すじのギャザーつまみを作る（P29）。花弁の裏側、下部1/3に木工用ボンドを塗り、貼り付ける。

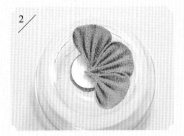

2／
時計回りに花弁を貼り付ける。1段目の花弁を3つ貼り付けたところ。

3／
1段目の花弁をすべて貼り終えたところ。隣り合う花弁が少しずつ重なっても良い。

4／
2段目の花弁を1段目の間に貼り付けていく。少し立つように貼り付けていくと立体感が出る。

5／
ⓑの布でふんわりつまみ（P27）を作る。花弁をのり板に置き、でんぷんのりを裁ち目に均等につける。その状態でピンセットではさみ「4」に配置する。

6／
ビーズの裏側に木工用ボンドを塗り、ピンセットではさみ中心に貼り付ける。できあがり。

2枚丸つまみのお花 (→p23)

～ 材料 ～

〈お花1輪分〉

●丸土台
・台紙布（一越ちりめん）
　3cm角…1枚
・台紙下　直径1.9cm … 2枚
・台紙上　直径1.5cm … 1枚

●花弁
・布（羽二重）2.5cm角 … 12枚

●葉っぱ
・布（羽二重）2cm角 … 14枚

●長方形土台
・台紙布（一越ちりめん）
　縦1.5cm×横4cm … 1枚
・台紙　縦1.5cm×横4cm … 2枚

●花芯
・ラインストーン6mm … 1粒
・座金 … 1個

【作品に使用するつまみ方の種類】2枚丸つまみ(P25)、2枚剣つまみ(P30)

型紙

台紙下
直径1.9cm

台紙上
直径1.5cm

台紙布3cm角

台紙　縦1.5cm×横4cm

～ 2枚丸つまみのお花を作る ～

丸土台を作り（P8）、2枚丸つまみ（P25）を1つ配置し終えたところ。ポイントは裁ち目にしっかりとでんぷんのりをつけること。

2枚丸つまみの花弁を3個配置し終えたところ。6個で360度となるので、3個で180度となる。

「2」の要領で、残りの花弁も配置する。中心に座金とラインストーンを貼り付けて、半日～1日程度でんぷんのりを乾かして、できあがり。

～ 2枚剣つまみの葉っぱを作る ～

台紙を木工用ボンドで2枚貼り合わせて、裏側に台紙布を貼り付ける。2枚剣つまみ（P30）を制作して、左右対称になるように配置する。

「1」と同じ要領で、左右の角度が同じになるように、残りの葉っぱも配置していく。

すべての葉っぱを配置し終えたら、半日～1日ほど乾かして、余分な土台をはさみで切り取る。できあがり。

Part 3

* * * * * * * *

洋風なお花

ペーパーカスケード

毛糸の花芯とフリル状の花弁がまるで本物の花のよう。
リボンを結んでさらにかわいらしくしました。

How to make ▶ P52

タンポポ

ひとつひとつ小さなつまみ細工で花びらを再現。
元気に咲く姿は春の訪れを感じます。
How to make ▶ *P54*

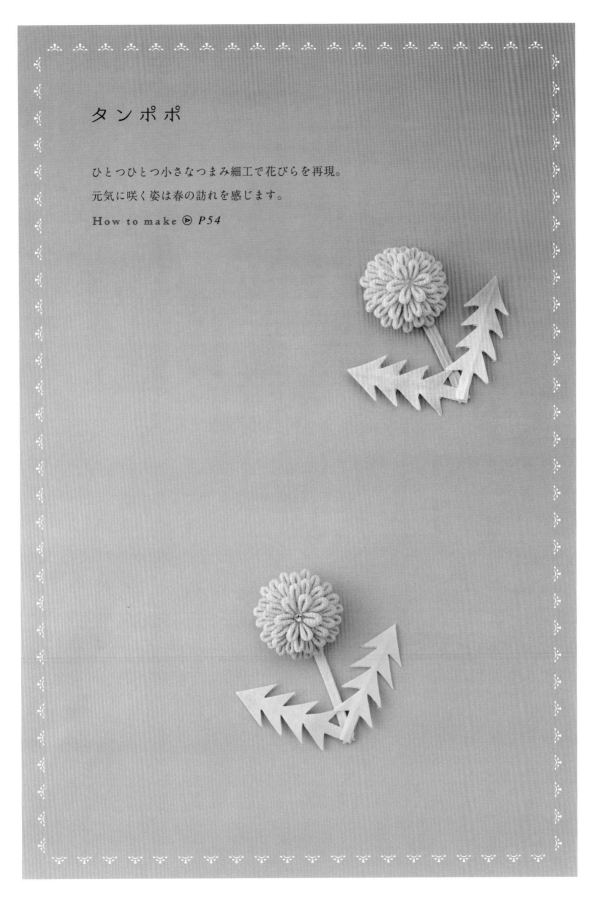

薔 薇

折り重なる花弁が立体的で美しい薔薇。

1輪だけでも十分な存在感で魅了されます。

How to make ▶ P56

スカビオサ

爽やかで個性的なお花のスカビオサ。

わずかに違う色の布を使うことで表情豊かに。

How to make ▶ P58

マリーゴールド

ボリュームのあるマリーゴールドのお花。
ハートつまみで全体的に丸みのあるシルエットが愛らしい。
How to make ▶ *P60*

イベリス

外側の2枚の花弁が大きいのが特徴のイベリス。

布やビーズの色味を変えて、様々な花色を表現しました。

How to make ▶ P62

カトレア

種類の違うつまみを組み合わせて作ります。
大きめのお花なので花瓶にさして飾ると素敵です。

How to make ▶ *P64*

ダリア

とんがりつまみが綺麗に配置されたダリア。
淡い色合いと繊細なつくりが上品なお花です。
How to make ▶ P66

ペーパーカスケード （→p44）

❦ 材料 ❦

〈お花1輪分〉

●ワイヤー付き丸土台
・台紙布（ブロード）2cm角 … 1枚
・台紙下　直径1.2cm … 2枚
・台紙上　直径1cm … 1枚
・地巻きワイヤー(22番)9cm … 1本

●花弁
・布（ブロード）
　ⓐ2.5cm角 … 6枚
　ⓑ2cm角 … 6枚

●花芯
・毛糸　22cm … 1本
・ポリエステル糸 … 適量

●茎
・刺繍糸 … 適量

●その他
・リボン … 適量

《お花用》

型紙　 台紙下 直径1.2cm　　 台紙上 直径1cm

台紙布 2cm角

❦ お花を作る ❦

1段目はⓐの布でギャザーが4すじの
ギャザーつまみ (P29) を作る。花弁の
下部1/3程度にボンドを薄く塗り、ワイ
ヤー付き丸土台 (P9) に貼り付ける。

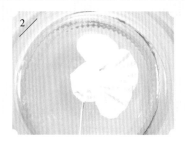

時計回りに3枚貼り付けたところ。バ
ランス良く貼り付けていく。隣り合う花
弁同士が少し重なり合っても良い。

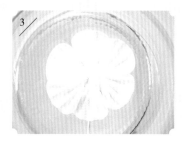

1段目を1周分貼り付けたところ。

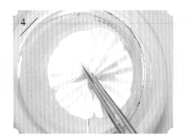

2段目は1段目の間にくるように貼り付
ける。2段目のⓑの布で作ったギャザー
つまみはギャザーが3すじ。

2段目を3つ貼り付けたところ。少し立
て気味に貼り付けると立体感が出てかわ
いらしい。

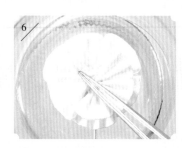

2段目を6個貼り付けたところ。

∽ 花芯を作る ∽

1/

毛糸を1cm幅で20回巻く。巻き付けるものは、ものさしでも画用紙を折りたたんだものでも良い。

2/

「1」の中央をポリエステル糸できつく巻き付ける。10回ほど巻く。

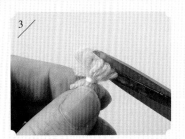

3/

「2」の輪になっている上部をはさみで切り、形を整える。下部も切り揃える。

∽ 花芯を配置する ∽

1/

ペットボトルのふたにボンドを適量出し、花芯の底にボンドを均等につける。

2/

お花の中央に花芯を貼り付ける。

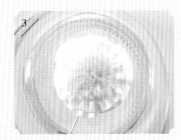

3/

できあがり。

∽ 茎を作る〜組み立てる ∽

1/

ワイヤー付き丸土台のワイヤーにでんぷんのりを薄く塗っていく。

2/

「1」に1本どりの刺繍糸を巻き付けていく。

3/

1輪が終わったら、もう1輪も同じように制作する。茎を合わせてでんぷんのりを塗り、刺繍糸を同じように巻き付けていく。

4/

お好みの色のリボンをちょうちょ結びにして飾り付ける。できあがり。

《リボンの色の組み合わせ》

リボンの色を変えると、雰囲気も変わります。
様々な色のリボンを結んでかわいく並べてみましょう。

タンポポ（→p45）

〜 材料 〜

〈お花１輪分〉

●半球土台
・台紙布（一越ちりめん）5cm角…1枚
・スチロール球　直径3cm … 1／2個

●花弁
・布（一越ちりめん）1.5cm角…48枚

●花芯
・ラインストーン4mm … 1粒

●葉っぱ
・布（ブロード）
　型紙Aの大きさ… 4枚
・地巻きワイヤー（24番）6.5cm… 2本

●茎
・布（ブロード）
　縦7cm×横1.5cm… 1枚
・地巻きワイヤー（24番）7cm
　… 1本

《花弁の配置図》

すべてふんわりつまみ（P27）を作り、図を見ながら配置していく。

□ 1段目…《6個》

■ 2段目…《6個》 1段目の間に入れる。

□ 3段目…《12個》 2段目の間に2個ずつ入れる。

■ 4段目①…《6個》 3段目の間に1個ずつ入れる。

■ 4段目②…《6個》 2段目の下に1個ずつ配置する。

□ 5段目…《12個》 4段目の間に1個ずつ入れる。

□ 花芯…ラインストーンを中心に貼り付ける。

型紙A

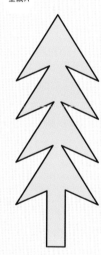

〜 半球土台を作る 〜

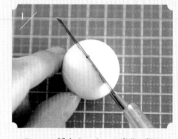

スチロール球をカッターで半分に切る。

5mm幅ほどに切った長細い紙を半球の曲面に沿わせる。曲面の中心に印を付ける。

「1」と直角に交わるように別の方向から紙をあて、印を付ける。

～ 半球土台を作る ～ ....

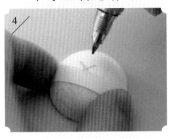

「2」をさらに、別方向から紙をあてて、中心に印を付ける。印が交わったところが半球の中心となる。

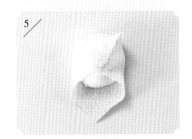

スチロール球の表面に薄くボンドを塗り伸ばし、台紙布で包み込んでいく。

台紙布の角を開き、貼り付け、余分な布をはさみで切り取る。

～ 茎を作る～葉をつける ～ ....

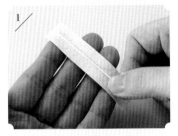

茎用布の中央にワイヤーを木工用ボンドで貼り付ける。

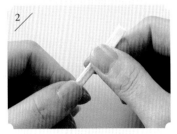

3等分にして折り、貼り合わせる。

茎の完成。

たんぽぽのお花の裏に、茎の上部1cmほどに木工用ボンドを塗り貼り付ける。

たんぽぽの花に茎を取り付けたところ。

型紙Aのサイズにブロード布を切り取り、2枚用意する。1枚の中央に地巻きワイヤーを貼り付ける。

「6」の上にもう1枚の葉を貼り付ける。しっかりと押さえる。

茎の下部1cmのところまで木工用ボンドを塗り、葉っぱを貼り付ける。

もう1セット葉っぱを作り、茎に貼り付ける。できあがり。

～ 材料 ～

〈お花1輪分〉
●ワイヤー付き丸土台
・台紙布（ブロード）3cm角 … 1枚
・台紙下　直径2.1cm … 2枚
・台紙上　直径1.9cm … 1枚
・地巻きワイヤー（22番）9cm … 1本
●花弁
・布（ブロード）
　ⓐ4cm角 … 12枚
　ⓑ3.5cm角 … 5枚
　ⓒ3cm角 … 2枚

●葉っぱ
・布（ブロード）
　ⓓ4cm角 … 1枚
　ⓔ3.5cm角 … 2枚
●茎
・刺繍糸…適量
・地巻きワイヤー（28番）
　7cm … 1本
　6cm … 2本

《お花用》

型紙1

台紙下
直径2.1cm

台紙上
直径1.9cm

台紙布　3cm角

～ お花を作る ～

1　ⓐの布でギャザーが5すじのギャザーつまみ（P29）を作る。花弁の下部1/3程度に木工用ボンドを薄く塗り、ワイヤー付き丸土台（P9）にボンドで貼り付けていく。

2　時計回りに3枚貼り付けたところ。バランス良く貼り付けていく。隣り合う花弁同士が少し重なり合っても良い。

3　1段目の6枚を貼り終えたところ。

4　残りのⓐで2段目を作る。2段目は1段目の間にくるように貼り付ける。少し立て気味に貼り付けると立体感が出てかわいらしい。

5　2段目の6枚を張り終えたところ。

6　3段目はⓑの布で4すじのギャザーつまみを作り、少しずつ花弁が重なるように貼り付ける。2段目よりも、さらに立て気味に貼り付ける。3段目を5枚貼り付けたところ。

～ 花芯を作る ～

でんぷんのりを敷いたのり板の上に、ⓒの布で作った丸つまみ (P24) を 2 つのせる。

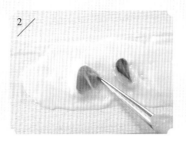

1 つの丸つまみの両端をピンセットで開く。

もう 1 つも両端を開き、中心の部分を組み合わせる。丸い形になるように調整する。

～ 葉っぱを作る ～

ⓓⓔの布で変形葉つまみ (P31) を作る。裏側の折り返しの部分にワイヤーを沿わせ、木工用ボンドを塗り貼り付ける。葉の根元から刺繍糸を巻いていく。

「1」と同じように、2 本目も作り、1 本目と合わせて、でんぷんのりを薄く塗り、刺繍糸を巻き付けていく。

「2」に 3 本目の葉っぱも足し、刺繍糸を巻き付けていく。

～ 組み立てる～花芯を配置する ～

ワイヤー付き丸土台のワイヤーにでんぷんのりを薄く塗っていく。

「1」に 1 本どりの刺繍糸を巻き付けていく。

「2」と葉っぱを合わせて、下から刺繍糸で巻き留めていく。

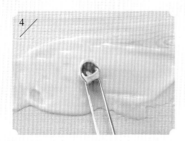

のり板にのせている花芯をそのままの形で崩さないように、そっとピンセットではさみ持ち上げる。

花芯を薔薇の中央に貼り付ける。

できあがり。ペーパーカスケード (P44・52) と同様にリボンを結んでもかわいくなるのでおすすめ。

スカビオサ（→p47）

材料

〈お花1輪分〉

〈内側のお花〉

●半球土台
・台紙布（一越ちりめん）5cm角 … 1枚
・スチロール球 直径3cm … 1/2個

●花弁
・布（ブロード）
　ⓐ1.5cm角 … 36枚

●花芯
・パールビーズ3mm … 5粒

〈外側のお花〉

●丸土台
・台紙布（一越ちりめん）4.5cm角 … 1枚
・台紙下 直径3.5cm … 2枚
・台紙上 直径3cm … 1枚

●花弁
・布（ブロード）
　ⓑ3.5cm角 … 10枚

●葉っぱ
・布（ブロード）
　ⓒ5cm角 … 2枚
　ⓓ4cm角 … 2枚
　ⓔ3.5cm角 … 1枚

●茎
・布（ブロード）
　縦5cm×横1.5cm … 1枚
・地巻きワイヤー（24番）
　… 5cm1本

《内側のお花の花弁の配置図》

右ページの半球土台を作ったら、ⓐの布で丸つまみ（P24）を作り、図のように配置する。

《内側のお花の花芯の配置図》

花芯のパールビーズを中心の5つのお花に貼り付ける。

---

point

ブロード布で小さな丸つまみの花弁を作るときには、ハンドタオルの上に花弁布を並べ、スプレーボトルで水を吹き付け湿らせて柔らかくしてから形作ると綺麗に仕上げることができる。

◟ 半球土台を作る ◞

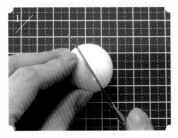

スチロール球をカッターで半分に切る。スチロール球の断面に木工用ボンドを塗り、台紙布の中央に貼り付ける。

スチロール球の表面にボンドを薄く塗り伸ばし、台紙布で包み込む。

台紙布の角を開き、貼り付け、余分な布をはさみで切り取る。あまり凹凸がないようにきれいに切れたらできあがり。

◟ 茎を作る〜葉をつける ◞

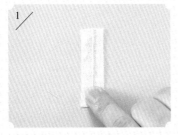

茎用布の中央にワイヤーを貼り付ける。3等分にして折る。木工用ボンドで貼り合わせる。

ⓔの布で変形葉つまみ（P31）を作る。葉っぱの裏側、下部1/3程度に木工用ボンドを薄く塗り、茎の先に貼り付ける。

変形葉つまみで作った2段目ⓓと3段目ⓒも茎に貼り付ける。葉っぱのできあがり。

◟ 外側のお花〜組み立てる ◞

外側のお花用の丸土台を作る。

外側のお花用の布ⓑはハートつまみ（P26）にする。丸土台に木工用ボンドで時計回りに貼り付ける。

花弁をバランス良く配置する。

半球土台の底に木工用ボンドを薄く塗り伸ばし、外側のお花の中央に内側のお花を貼り付ける。

「4」の裏側に葉っぱを貼り付ける。

できあがり。

マリーゴールド（→p48）

材 料

〈お花1輪分〉

●ワイヤー付き丸土台
・台紙布（一越ちりめん）
　3.5cm角 … 1枚
・台紙下　直径2.5cm … 2枚
・台紙上　直径2.1cm … 1枚
・地巻きワイヤー（24番）12cm … 1本

●花弁
・布（一越ちりめん）
　ⓐ4.5cm角 … 6枚
　ⓑ4cm角 … 6枚
　ⓒ3.5cm角 … 6枚

ⓓ3cm角 … 2枚

●葉っぱ
・布（一越ちりめん）
　ⓔ4.5cm角 … 1枚
　ⓕ4cm角 … 2枚
　ⓖ3.5cm角 … 2枚
　ⓗ1.5cm×4cm … 1枚
・地巻きワイヤー（24番）12cm … 1本

●茎
・布（一越ちりめん）
　縦7cm×横1.5cm … 1枚
・フローラルテープ … 適量

《お花用》

型紙

台紙下
直径2.5cm

台紙上
直径2.1cm

台紙布　3.5cm角

お花を作る

1

ワイヤーつき丸土台（P9）を作る。1段目の花弁ⓐの布をハートつまみ（P26）にし、裏側の先端から1/3に木工用ボンドを塗り土台に貼り付ける。

2

「1」と同様に、ハートつまみの花弁を配置していく。時計回りに並べていく。しっかりと土台に押さえ付け、貼り付ける。

3

1段目の6枚のハートつまみの花弁を配置し終えたところ。

4

ⓑの布で同様にハートつまみを作り、2段目を1段目の花弁の間に配置していく。

5

2段目の花弁をすべて配置し終えたら、中心をしっかりと押さえる。

6

「4」同様に、ⓒの布でハートつまみを作り、3段目の花弁を配置する。2段目の花弁の間に貼り付ける。向かい合う花弁の向きに気を付ける。

⌒ 中心部分を作る ⌒

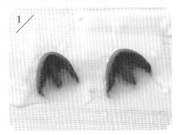

ⓓの布で丸つまみ (P24) を2つ作り、のり板にのせる。ピンセットで左右の布を開く。

「1」の花弁の1つを180度回転し、下側から覆うようにもう1つの花弁と組み合わせる。

「2」をピンセットではさみ、お花の中心に配置する。

⌒ 葉っぱを作る ⌒

ⓗの布の中心に地巻きワイヤーを貼り付ける。木工用ボンドをしっかりと塗る。

「1」を3等分に折り、木工用ボンドで貼り付ける。

ⓔの布で変形葉つまみ (P31) を作り、裏側の1/3に木工用ボンドを塗る。

「2」に「3」を貼り付ける。しっかりと押さえ、接着する。

ⓕの変形葉つまみの葉っぱも斜めの向きになるように貼り付ける。

「5」と同様に残りのⓖの葉っぱも貼り付けていく。木工用ボンド乾いたら、できあがり。

⌒ 組む～茎の作り方 ⌒

葉っぱのワイヤーを先端から4.5cmの位置で直角に曲げ、お花のワイヤーに沿わせ、2本一緒にフローラルテープで巻く。

お花の付け根から7cmのところでワイヤーを切る。

茎用布を「2」に巻き付ける。木工用ボンドを薄く塗る。乾かしたら、茎を少し曲げて、できあがり。

イベリス（→p49）

∽ 材料 ∾

〈お花1輪分〉
●半球土台
・台紙布（一越ちりめん）5cm角 … 1枚
・スチロール球 直径3cm … 1/2個
・台紙下 直径2.1cm … 2枚
●花弁
・布（一越ちりめん）
 ⓐ2cm角 … 12枚
 ⓑ1.5cm角 … 12枚

●花芯
・ビーズ
 ⓒ4mm（青）… 13粒
 ⓓ3mm（黄）… 12粒
●葉っぱ
・布（一越ちりめん）
 4.5cm角 … 2枚

《お花用》

型紙

台紙下
直径 2.1cm

∽ 半球土台を作る ∾

1

直径3cmのスチロール球1/2を、台紙布の中央に貼り付ける。補強のため、スチロール球の切り口に台紙下2枚を貼り合わせたものを貼っても可。

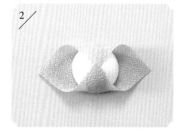

2

スチロール球の表面に木工用ボンドを薄く塗りのばす。対角を貼り付ける。

3

残りの2角も貼り付ける。

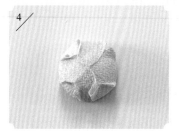

4

布の余り部分を押し開くようにして、半球に貼り付ける。

5

半球に沿って、はさみで余分な布をカットする。

《ビーズの配置図》

～ 花芯のビーズを配置する ～

ⓒのビーズを半球土台の上に配置していく。

左ページの「ビーズの配置図」を参照しながら、接着していく。

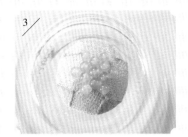

ビーズを全て配置したところ。

～ 花弁を配置する ～

丸つまみ (P24) の花弁を写真のように配置していく。上側がⓑの花弁。下側がⓐの花弁。

中心のビーズをまたぐように配置していく。

3方の花弁の配置が終わったら、その間に同じ大きさの花弁を置く。

上側の花弁を配置し終えたところ。

下側の花弁を配置し終えたところ。

ピンセットでⓓのビーズをはさみ、それぞれの花弁の中心に2つずつ貼る。

～ 葉っぱをつける ～

変形葉つまみ (P31) で作った葉っぱの下部1/3程度に木工用ボンドを塗る。

2枚ともお花の裏側に貼り付ける。しっかりと指で押さえる。

できあがり。

カトレア（→p50）

〜 材料 〜

〈お花1輪分〉

●ワイヤー付き丸土台
・台紙布（一越ちりめん）3cm角 … 1枚
・台紙下　直径2.1cm … 2枚
・台紙上　直径1.5cm … 1枚
・地巻きワイヤー（24番）18cm … 1本

●茎
・刺繍糸 … 適量

●花弁
・布（ブロード）
　ⓐ5cm角 … 1枚

　ⓑ6.5cm角 … 2枚
　ⓒ5.5cm角 … 2枚
　ⓓ8cm角 … 1枚
　ⓔ2.5cm角 … 1枚

●葉っぱ
・布（ブロード）
　型紙Aの大きさ … 2枚
・地巻きワイヤー（24番）15cm … 1本

《花弁の配置図》

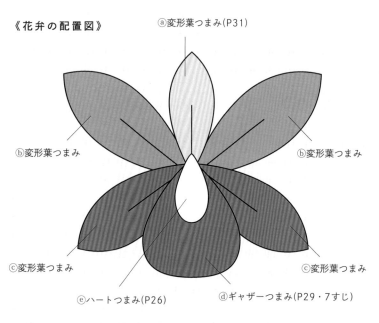

ⓐ変形葉つまみ（P31）

ⓑ変形葉つまみ

ⓑ変形葉つまみ

ⓒ変形葉つまみ

ⓒ変形葉つまみ

ⓔハートつまみ（P26）

ⓓギャザーつまみ（P29・7すじ）

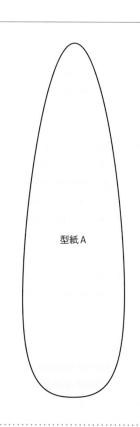

型紙A

ⓐ〜ⓔの布でそれぞれのつまみを作る。配置図を見ながら花弁を順に貼り付ける。
※写真と同じように作る場合は右ページの「花弁布の染め位置」で布を染めると良い。

〜 葉っぱの作り方 〜

1

2

3

型紙Aに合わせてブロード布を切り取る。中心にワイヤーを貼り付ける。

もう1枚同じ形に切った葉っぱの裏面全体に、木工用ボンドを薄く塗りのばす。「1」の上に貼り付ける。

貼り合わせてしっかりと押さえ付けて乾かしたら、できあがり。

《花弁布の染め位置》

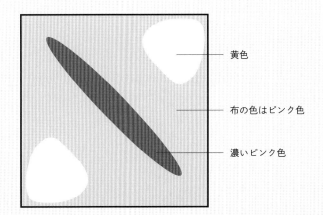

黄色

布の色はピンク色

濃いピンク色

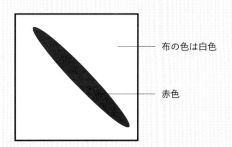

布の色は白色

赤色

ⓓのギャザーつまみの花弁は、花弁布の中心を
斜めに長く濃いピンク色で染め、右上と左下を
それぞれ黄色で染める。よく乾いたら、通常と
同じ要領で、ギャザーつまみを形作る（P29）。
花弁布が大きいため、7すじ。

※布絵具での布の染め方はP110を参照。

ⓔのハートつまみの花弁は、花弁布の中
心を斜めに長く赤色で染める。乾いたら、
通常と同じ要領でハートつまみを形作る
（P26）。

∽ 茎の刺繍糸の巻き方 ∽

ワイヤーにでんぷんのりを薄く塗る。つ
まようじの先端にでんぷんのりをつけて
薄くのばしていく。

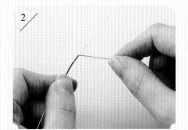

刺繍糸を下から巻いていく。

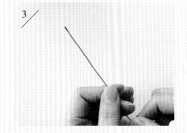

すべて巻き終えて、乾かしたらできあが
り。ポイントはワイヤーが見えないよう
に隙間なく巻き付けていくこと。

∽ 組み立てる ∽

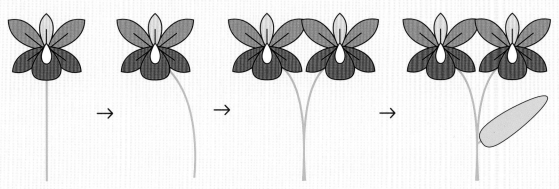

茎を図のように曲げる。2本の茎と葉っぱを合わせ、
重なる部分にでんぷんのりを塗り、刺繍糸で下から巻き付ける。

ダリア（→p51）

〜 材料 〜

〈お花1輪分〉

●半球土台
・台紙布（一越ちりめん）9㎝角 … 1枚
・スチロール球　直径5㎝…1/2個

●花弁
・布（一越ちりめん）
ⓐ2㎝角 … 25枚
ⓑ2.5㎝角 … 24枚
ⓒ3㎝角 … 24枚

《花弁の配置図》

ⓐ ■ 1段目 … 中心にとんがりつまみを1個。

■ 2段目 … とんがりつまみ6個、反対向き。

□ 3段目① … 2段目の間に縦に2個ずつ12個を配置する。下の花弁の先端を上の花弁の背のくぼみに差し込む。

□ 3段目② … 2段目の花弁の先端に対面するように6個配置。

ⓑ □ 4段目 … 3段目のくぼみに12個入れる。

■ 5段目 … 4段目の間に12個入れる。

ⓒ ■ 6段目 … 5段目の間に12個入れる。

□ 7段目 … 6段目の間に12個入れる。

〜 様々な向きからの作品写真 〜 ……………………………………………

斜め上からの写真

真横からの写真

真上からの写真

Part 4

* * * * * * *

つまみ細工の
アクセサリー

花畑バレッタ

エレガントな雰囲気で注目の的に。
パステルカラーで普段使いにもぴったりです。

How to make ▶ *P76*

ちょうちょの
シューズクリップ

足元がパッと明るくなるような演出を。
2枚剣つまみのちょうちょが楽し気な様子。
How to make ⏩ P78

ドーナツのブローチ

思わず食べてしまいそうなドーナツ。
色違いのチョコがとってもおしゃれでキュート。
How to make ▶ P80

パイナップル、オレンジ、レモンのヘアゴム

フルーツのモチーフが新しいつまみ細工。
まとめ髪をかわいく華やかにしてくれます。
How to make ▶ *P82.83*

ラベンダーのブローチ

胸元に咲くワンポイントのラベンダー。
シンプルなコーディネートのアクセントに。
How to make ▶ *P84*

リボンの指輪

基本の丸つまみで作るリボンの指輪。
色味やパーツを変えると違った表情が楽しめます。
How to make ▶ *P81*

白鳥のブローチ

水面に浮かぶ優雅で美しい白鳥。
身に着けたら上品な印象になること間違いなし。
How to make ⊛ P86

流れる葉っぱと
お花のヘアピン

髪に着けても飾っても素敵な逸品。
深めの色味で高級感漂う雰囲気に仕立てました。

How to make ▶ *P85*

花畑バレッタ（→p68）

～ 材料 ～

〈お花1輪分〉

●バレッタ土台
・台紙下（型紙A）… 2枚
・台紙布（ブロード）
　型紙Aより8mm大きいもの … 1枚
・台紙上（ブロード・型紙B）… 1枚

●花弁
・布（ブロード）
　1.5cm角 … 24枚

●花芯
・ラインストーン4mm … 6粒

●葉っぱ
・布（ブロード）1.5cm角 … 10枚

●つた
・唐打ちひも
　ⓐ3cm … 2本
　ⓑ8cm … 2本

●その他
・バレッタ金具 … 1個

型紙

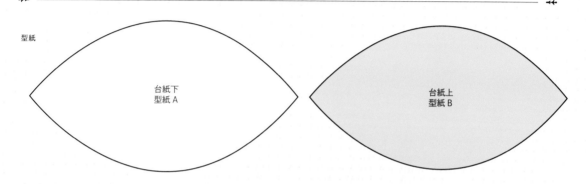

台紙下
型紙A

台紙上
型紙B

～ バレッタ土台を作る ～

1
台紙下の型紙Aを貼り合わせる。木工用ボンドをつまようじにとり、薄く塗り伸ばす。

2
台紙布の中央に「1」を貼り付ける。台紙布は型紙Aより8mm大きくする。

3
「2」の周囲にはさみで切り込みを入れていく。切り込みの深さは5mm。

4
台紙上は型紙Bの大きさで作る。画用紙ではなく布で作り、裏面に木工用ボンドを薄く塗り伸ばし「3」に貼り付ける。

5
花弁を配置して、ラインストーンをお花の中心に貼り付ける。

6
バレッタ金具に多用途ボンドを塗って、「5」の裏側に貼り付ける。できあがり。

《花弁の配置図》

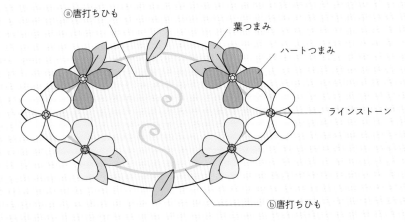

ⓐ唐打ちひも
葉つまみ
ハートつまみ
ラインストーン
ⓑ唐打ちひも

〰 お花の配置順 〰 ·····························

1／

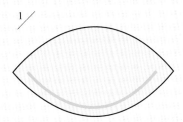

ⓑの唐打ちひもの片面に木工用ボンドを薄く塗り、バレッタ土台に貼り付ける。なめらかな曲線になるようにする。

2／

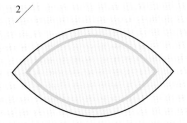

上側の唐打ちひもも片面に木工用ボンドを薄く塗り、バレッタ土台に貼り付ける。

3／

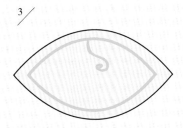

ⓐの唐打ちひもの片面に木工用ボンドを薄く塗り、「2」の唐打ちひもの中心から貼り付ける。先端は渦のようにする。

4／

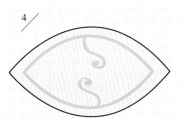

下側も「3」と同様にⓐを貼り付ける。

5／

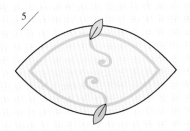

「4」の唐打ちひもの根元を隠すように、葉つまみ (P31) を木工用ボンドで貼り付ける。

6／

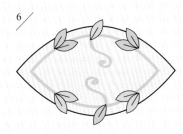

その他の葉っぱもバレッタ土台に貼り付けていく。配置場所は上記の図を参照。

7／

花弁用の布でハートつまみ (P26) を作る。4枚の花弁で1周となるように貼り付けていく。葉っぱの上にバランス良く配置する。お花の中心にラインストーンを貼り付ける。

8／

お花を5個貼り終えたところ。花弁の色や葉っぱの色を少しずつ変えると雰囲気が出てかわいくなる。

9／

お花を貼り終えたらできあがり。

ちょうちょのシューズクリップ (→p69) ✦ ─────────────── ✦

❧ 材料 ❧

〈ちょうちょ1頭分〉
●ちょうちょ土台
・台紙布（一越ちりめん）
　縦5cm×横6cm … 1枚
・台紙下　縦5cm×横6cm … 2枚
●羽
・布（羽二重）
　ⓐ2.5cm角 … 12枚
　ⓑ2cm角 … 40枚
●体
・ビーズ6mm … 4粒

●触角
・地巻きワイヤー（28番）
　10cm … 1本
・刺繍糸 … 適量
●シューズクリップ用土台
・台紙下　直径1.5cm … 2枚
・台紙布（一越ちりめん）
　2.5cm角 … 1枚
・シューズクリップ金具 … 1セット

《羽の配置図》

型紙

ⓐ ▨ 2枚剣つまみ

ⓑ ☐ 2枚剣つまみ
　 ☐ 2枚剣つまみ
　 ▨ 2枚剣つまみ
　 ☐ 2枚剣つまみ
　 ▨ 2枚剣つまみ
　 ▨ 2枚剣つまみ

台紙下
直径
1.5cm

台紙布
2.5cm角

【作品に使用するつまみ方の種類】2枚剣つまみ (P30)

❧ ちょうちょ土台を作る ❧ ....

1／
台紙下を2枚貼り合わせる。木工用ボンドをつまようじにとり、薄く伸ばす。

2／
「1」を裏側に向けて、木工用ボンドを薄く全体に塗り、台紙布を貼り付ける。

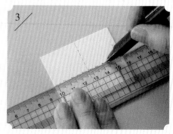

3／
「2」を表に向けて、ペンで横と縦の中心にそれぞれ線を引き、四分割する。

ちょうちょの羽の配置順

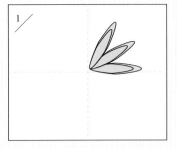

ⓐの布で2枚剣つまみ (P30) を3個作る。右上の四角に収まるように配置する。

ⓑの布で2枚剣つまみを作り、「1」の花弁の間に配置する。先端から差し込む。

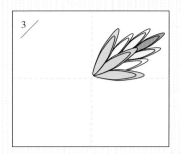

ⓑの布で2枚剣つまみを作り、「2」と同じ要領で花弁の間に配置する。

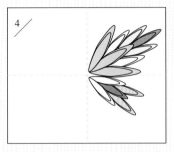

ⓑの布で2枚剣つまみを5個作る。右下の四角に収まるように配置する。

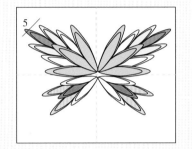

「1」〜「4」と同じ要領で、左側も花弁を配置する。1日程度乾かしたら、ちょうちょの形に沿って土台をはさみで切りとる。

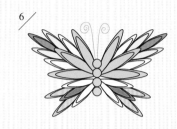

地巻きワイヤーに刺繍糸を巻き、先端を渦巻にする。ワイヤーを半分に折り、触角にしたらボンドで「5」に貼り付ける。体部分のビーズを縦に4個付ける。

シューズクリップ用土台を作る

台紙下を貼り合わせ、台紙布でくるむ。シューズクリップの金具の穴に合わせて目打ちで穴を開ける。

穴を合わせて、シューズクリップ金具を置く。

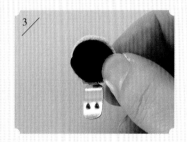

「2」の上に、付属のフェルトを置く。フェルトをはさむことで傷の防止になる。

「3」に付属の金属パーツを差し込む。

表に返し、ペンチで金属パーツを折り曲げて、しっかりと固定する。

ちょうちょの裏側に「5」を木工用ボンドで貼り付けて、できあがり。

ドーナツのブローチ (→p70)

(→p70)

◇ 材料 ◇

〈ドーナツ1個分〉

●輪っか土台
- 台紙(型紙A) … 2枚
- 台紙布(一越ちりめん)
  型紙A より7㎜大きい円
  … 1枚

●花弁
- 布(ブロード)
  1.5㎝角 … 29枚(内訳：黄色21枚、
  茶色もしくはピンク8枚)

●その他
- ブローチ金具 … 1個

型紙

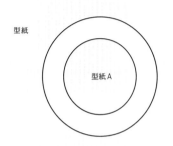

型紙A

《輪っか土台》

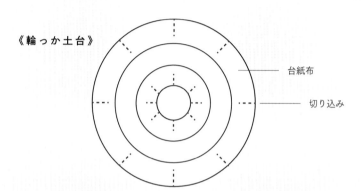

台紙布

切り込み

◇ 輪っか土台を作る ◇

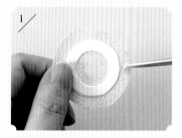

1

台紙2枚を木工用ボンドで貼り合わせ、台紙布の中央に貼り付ける。周囲に図のようにはさみで切り込みを入れる。

2

台紙の表面に薄く木工用ボンドを塗り伸ばし、台紙布を貼り付けていく。

《花弁の個数》
- 外周(黄色) … 12個
- 内周(黄色) … 9個
- 外周(茶色もしくはピンク)
  … 5個
- 内周(茶色もしくはピンク)
  … 3個

◇ 花弁の配置 ◇

1

花弁の布で丸つまみ(P24)を作り、のり板に並べる。先端からピンセットではさみ土台に配置していく。

2

丸つまみの背のくぼみに、次の丸つまみの先端を差し込んでいきながら、円形になるように少しずつ角度を付けて配置していく。

3

裏にブローチ金具を貼り付けてできあがり。

リボンの指輪（→p73）

〜 材料 〜

〈リボン1個分〉
●リボン土台
・台紙(型紙A) … 2枚
・台紙布(一越ちりめん)
　型紙Bより5mm大きいもの … 1枚
●花弁
・布(羽二重)
　ⓐ1.5cm角 … 22枚
　ⓑ1.5cm角 … 8枚(中心の花用)

●花芯
・ラインストーン6mm … 1粒
●その他
・丸皿付きリング土台 … 1個

《花弁の配置位置》

型紙

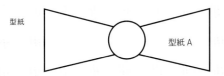

型紙A

❶リボン土台の中心の円部分にⓐの布で丸つまみ(P24)を8個作り配置する。
❷左右のリボン部分は、内側1列目に丸つまみの花弁を3個配置する。
❸2列目は1段目の背側のくぼみに、先端を差し込む。
❹3列目は、くぼみ→間→くぼみ→間→くぼみの順となるように配置する。

❀ *point*

花弁の大きさが小さいため、のり板にのせた段階で、丸つまみの花弁の先端をしっかり合わせましょう。

《リボンの色のバリエーション》

色を変えると雰囲気が異なってかわいい印象になる。

〜 金具の取り付け方 〜

リング金具の丸皿の上に多用途ボンドを塗る。

多用途ボンドが添付された面を、リボン作品の裏側に貼り付け、しっかりと押さえる。

できあがり。装着するとこのようになる。

パイナップルのヘアゴム

〜 材料 〜

〈パイナップル1個分〉
- ●台形土台
  - ・台紙布（一越ちりめん）
    5cm角 … 1枚
  - ・スチロール球直径3cm … 1/2個
- ●花弁
  - ・布（一越ちりめん）
    1.5cm角 … 28枚
- ●花芯
  - ・ラインストーン4mm … 3粒

- ●葉っぱ用土台
  - ・台紙下（型紙A） … 2枚
  - ・台紙布（一越ちりめん）
    型紙Aより一回り大きなもの … 1枚
- ●葉っぱ
  - ・布（ブロード）2cm角 … 7枚
- ●その他
  - ・丸皿付きヘアゴム … 1個

型紙

型紙A

《配置図》

《作り方手順》

台形土台

図1

❶スチロール球直径3cmをカッターで1/2にカットする。

❷図1のように台形になるように両端を落とし、角を面取りする。表面に薄く木工用ボンドを塗り、台紙布でくるむ。

❸葉っぱ用土台を作る。型紙Aを2枚貼り合わせ台紙布でくるむ。

❹❸の下部1.5cm程度のところまで木工用ボンドを塗り、❷の裏側に貼り付ける。

❺葉っぱ用の布で剣つまみ（P30）を7個作り、配置図のように貼り付ける。

❻花弁用の布を丸つまみ（P24）にし、配置図のように貼り付ける。

〜 丸皿付きヘアゴムの取り付け方 〜

剣つまみと丸つまみを図のように配置したところ。

ヘアゴムの丸皿部分に多用途ボンドを塗り、「1」の裏側に貼り付ける。

できあがり。

オレンジとレモンのヘアゴム (→p71)

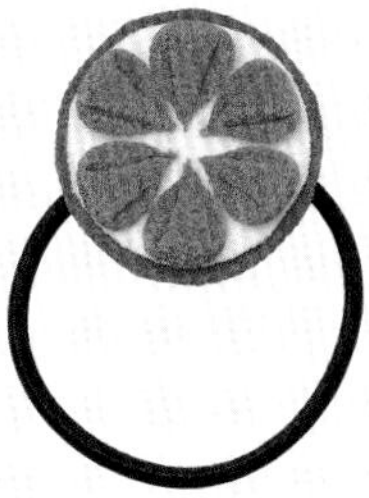

材料

〈オレンジ1個分〉

●丸土台A(オレンジ色)
・台紙布(一越ちりめん) 直径5cm … 1枚
・台紙 直径4cm … 2枚

●丸土台B(白色)
・台紙布(一越ちりめん) 直径4.6cm … 1枚
・台紙 直径3.6cm … 2枚

●丸土台C(オレンジ色)
・台紙布(一越ちりめん) 直径4.6cm … 1枚
・台紙 直径3.6cm … 2枚

●花弁(実)
・布(一越ちりめん) 2.5cm角 … 6枚

●その他
・丸皿付きヘアゴム

丸土台の作り方〜実を貼る

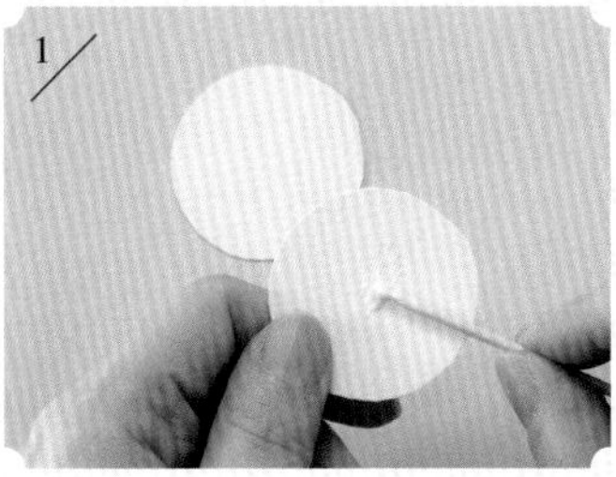

1 丸土台A用の台紙2枚を木工用ボンドで貼り合わせる。つまようじの先端に少量の木工用ボンドをとり、塗り伸ばす。

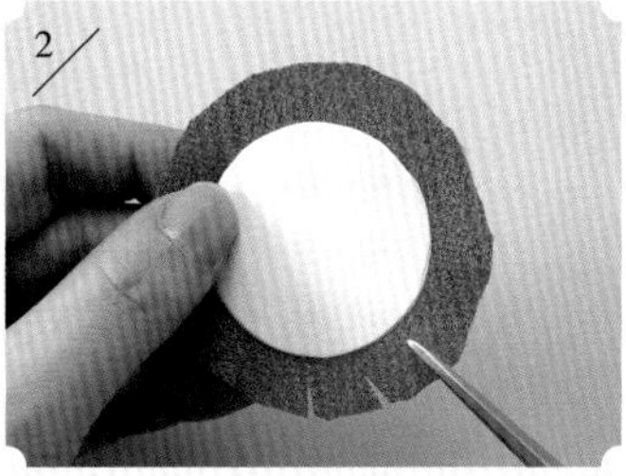

2 丸土台A用の台紙布の中央に「1」を貼り付ける。周囲に切り込みを入れる。上面に木工用ボンドを塗り、布でくるむ。

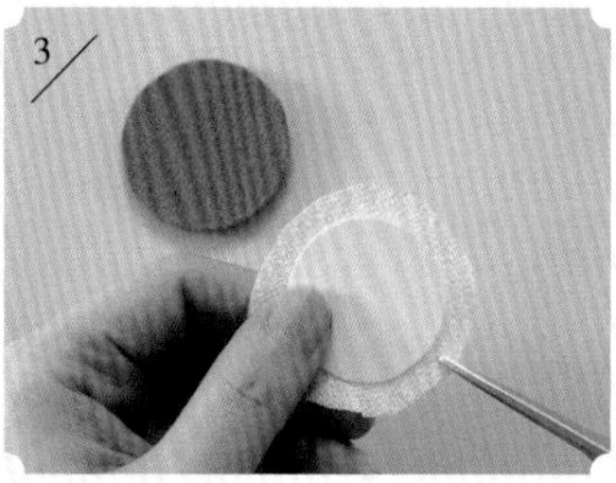

3 丸土台Aと同様に、丸土台Bを作る。

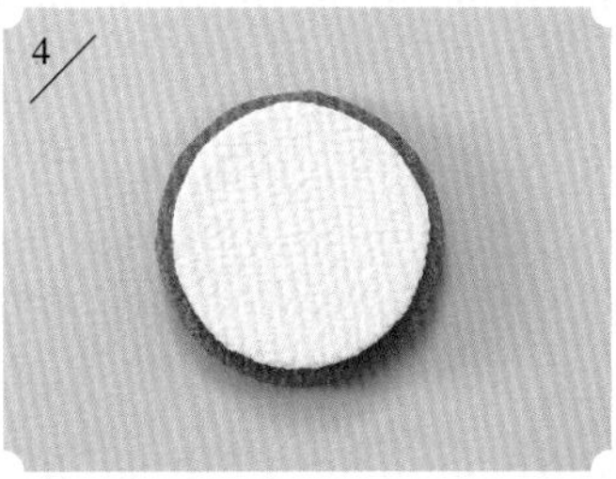

4 丸土台Aの上に丸土台Bを貼り付ける。

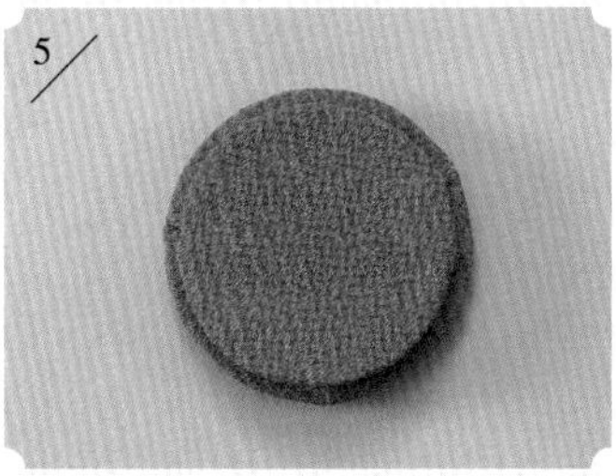

5 丸土台Cを作り「4」の裏に貼り付ける。

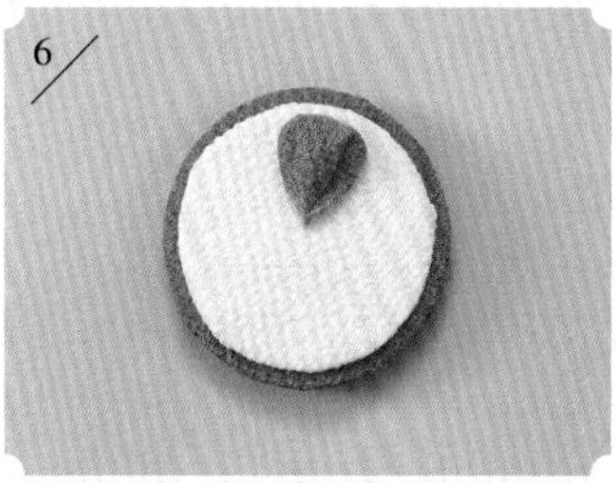

6 花弁(実)の布で変形扇つまみ(P28)を作り、丸土台に貼り付けていく。

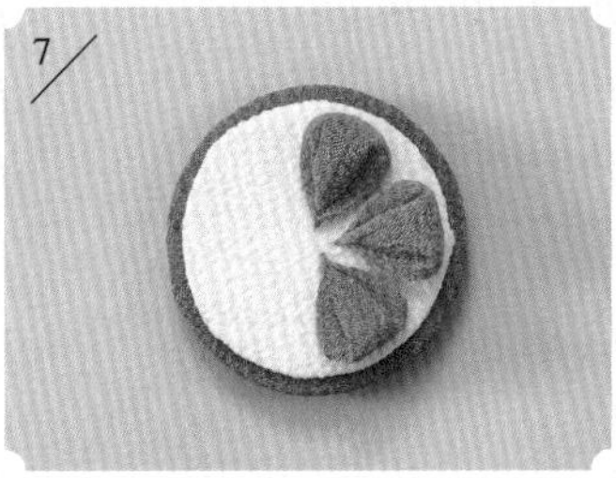

7 バランス良く時計回りに貼り付けていく。

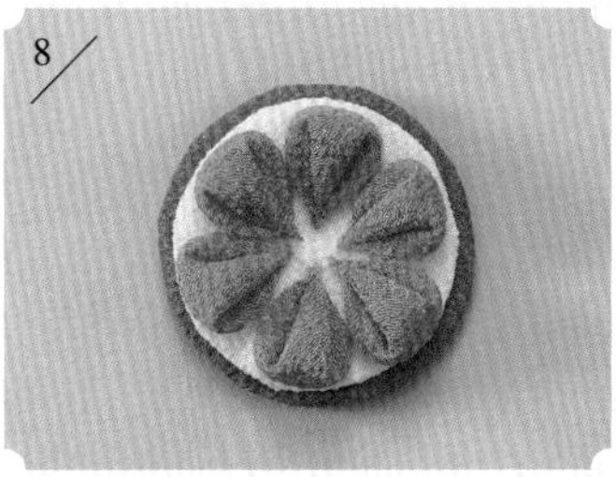

8 6個貼り付けたところ。

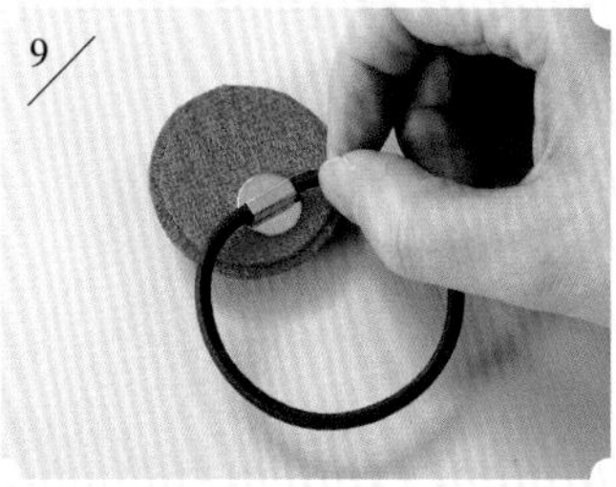

9 「8」の裏に、丸皿付きヘアゴムを多用途ボンドで貼り付ける。できあがり。

ラ ベ ン ダ ー の ブ ロ ー チ (→p72)

～ 材料 ～

〈お花1輪分〉
●土台
・台紙(型紙A) … 2枚
・台紙布(一越ちりめん)
　型紙Aより7mm大きい形 … 1枚
●花弁
・布(一越ちりめん)2cm角 … 21枚
●リボン
　ⓐ5cm角 … 2枚
　ⓑ4cm角 … 2枚
・爪枠付きカットガラス … 1粒

●葉っぱ
・布(一越ちりめん)4cm角 … 2枚
●茎
・台紙布(一越ちりめん)
　縦8cm×横9mm … 3枚
・地巻きワイヤー(24番)8cm … 3本
●その他
・ブローチ金具 … 1個

型紙

型紙A

《作り方手順》

❶土台を作る。台紙2枚を貼り合わせ、台紙布でくるむ。
❷茎用台紙布の中央に地巻きワイヤーを貼り、3つ折りにする。
❸花弁の布で扇つまみ(P28)を作り、図のように配置する。
❹葉っぱの布で変形葉つまみ(P31)を作り、図のように配置する。
❺リボン上部をⓐで変形扇つまみ(P28)を作り、リボン下部は
ⓑで変形葉つまみを作り、貼り付ける。
❻リボンの中心に爪枠付きカットガラスを貼り付けてできあがり。

《花弁の配置順》

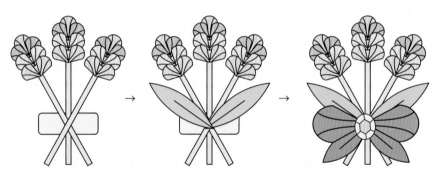

～ ブローチ金具の取り付け方 ～

1

ブローチ金具に多用途ボンドを塗る。

2

作品の裏側にしっかりと貼り付け、押さえる。

3

乾いたら、表に向けて、できあがり。

流れる葉っぱとお花のヘアピン (→p75)

❧ 材料 ❧

〈お花1輪分〉
●輪っか土台
・台紙(型紙A) … 2枚
・台紙布(一越ちりめん)
　型紙Aより7mm大きい形 … 1枚
●その他
・丸皿付きヘアピン金具 … 1個

●葉っぱ
・布(羽二重)1.5cm角 … 24枚
　(内側の葉10枚+外側の葉14枚)
●お花用
・布(羽二重)
　ⓐ2.5cm角 … 12枚
　ⓑ2cm角 … 8枚

型紙

型紙A

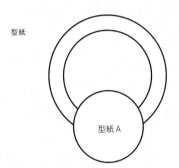

《作り方手順》

①型紙Aを2枚貼り合わせる。
②台紙布に①を貼り付け、切り込みを周囲に入れて、布でくるむ。
③ⓐの布で2枚丸つまみ(P25)を6個作り、のり板にのせる。裁ち目にしっかりとでんぷんのりをつけて、土台の円形部分に配置する。
④2段目の花弁をⓑの布で6個作る。丸つまみ(P24)にする。
⑤3段目は残りのⓑの布で2個の丸つまみを作り、のり板の上で組み合わせる。そのままの形を保ってピンセットではさみ、お花の中心に配置する。
⑥葉っぱ用の布で丸つまみを作り配置していく。

《台紙布切り込み位置》

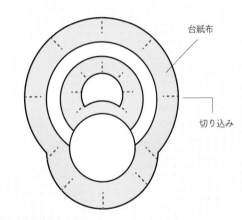

台紙布

切り込み

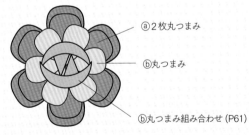

ⓐ2枚丸つまみ

ⓑ丸つまみ

ⓑ丸つまみ組み合わせ (P61)

❧ 丸皿付きヘアピン金具の取り付け方 ❧

1

丸皿付きヘアピンの丸皿部分に多用途ボンドを塗る。

2

作品の裏側に、「1」をよく押さえ貼り付ける。

3

できあがり。

白鳥のブローチ（→p74）➤

❧ 材料 ❧

〈白鳥1羽分〉
●土台（体）
・台紙（型紙A）…3枚
・台紙布（ブロード）
　型紙Aより7mm大きいもの … 1枚
・台紙上（ブロード）
　型紙Aより一回り小さいもの…1枚

●体（羽）
・布（ブロード）
　ⓐ2cm角 … 7枚
　ⓑ2cm角 … 23枚
●頭
・地巻きワイヤー（24番）
　9cm…1本
・ティッシュ … 1枚

ⓒ刺繍糸（黄）… 適量
ⓓ刺繍糸（黒）… 適量
・唐打ちひも … 適量
〈湖〉
●土台
・台紙（型紙B）… 3枚
・台紙布（一越ちりめん）
　型紙Bより7mm大きいもの … 1枚
●その他
・地巻きワイヤー（28番）11cm…1本
・ビーズ
　ⓔ6mm（クリア）… 3粒
　ⓕ5mm（青）… 8粒
　ⓖ4mm（クリア）… 10粒
・ブローチ金具 … 1個

《白鳥体用型紙》

型紙A

《湖用型紙》

型紙B

❧ 頭を作る ❧

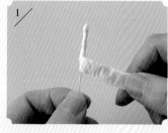

1 地巻きワイヤーを手に持ち、上から5mmのところで折り曲げる。その部分にティッシュを短冊状にさいたものをはさみ、木工用ボンドを薄く塗ったワイヤーに巻き付けていく。

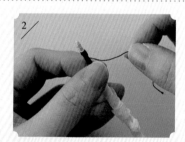

2 「1」の表面にでんぷんのりをつまようじで薄く塗り、ⓒの刺繍糸を1本とり、先端から巻き留めていく。

3 「2」の刺繍糸の巻き終わり部分から、ⓓの刺繍糸を巻いていく。その後、唐打ちひもを全体に巻き付ける。

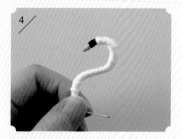

4 頭の部分を曲げ、白鳥の頭を作る。

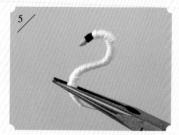

5 できあがり。下から1cm程度をペンチでつぶし平らにする（体にボンドで貼り付けやすくするため）。

❧ point

くちばしはフローラルテープでも代用できます。顔の部分の肉付け用ティッシュを多めに巻いて太くすると綺麗な仕上がりになります。また、首の部分はやや細めにするとシュッとした印象に。

⌒ 体 の 土 台 を 作 る ⌒

型紙Aを画用紙に写し、3枚カットしたものをボンドで貼り合わせる。貼り合わせるときにはつまようじの先端に少量のボンドをとり、薄く塗る。

「1」より7㎜大きな布を用意し、周囲に切り込みを入れていく。台紙布の中央に「1」を貼り付け、ボンドを塗りながら、型紙に布を貼り付けていく。

切り込みを入れた布を貼り終えたら、中心の空白部分に台紙上に貼り付け、できあがり。

⌒ 羽 を 配 置 す る ⌒

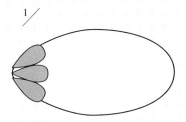

1列目はⓐの布で丸つまみ (P24) を3個作り、のり板に並べて、裁ち目にでんぷんのりをしっかり付けた状態で、体用土台に配置していく。

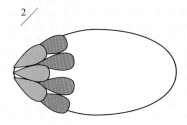

2列目はⓐの布で丸つまみを4個作り、くぼみ→間→くぼみ→間の順に先端を差し込んでいく。

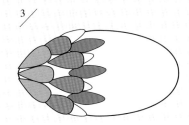

ⓑの布で剣つまみ (P30) を23個作り、バランス良く配置していく。3列目は4個を「2」の丸つまみの背のくぼみに、剣つまみの先端を差し込んでいく。4列目は間に配置する。

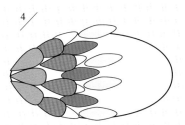

5列目は4個を図の位置に配置する。

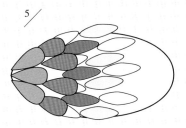

6列目は3個を図の位置に配置する。

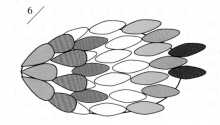

7列目は4個、8列目は3個、9列目は2個を図の位置に配置する。

⌒ 組 み 立 て ⌒

白鳥の頭の下部に木工用ボンドを塗る。

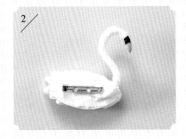

「1」を体に貼り付け、よく押さえる。ブローチ金具の裏に多用途ボンドを塗り、体の裏、中央に貼り付ける。ブローチ部分はできあがり。

湖の土台は体の土台と同様に作る。ⓔⓕⓖのビーズを写真の順にワイヤーに通し、湖用土台に貼り付ける。お部屋に飾るときは、湖の土台の上に置くと雰囲気も出ておすすめ。

ブーケの糸での巻き留め方

《用意するもの》

・ワイヤー付き丸土台
・糸(ポリエステル100％)

❦ 三角の形 ❦

1

ワイヤー付き丸土台の根元から2.5cmのところで角度を付ける。(大きいお花の場合は、この長さを長くして調整すると良い。)

2

3本の角度がついているところを合わせて、糸で巻き留める。10回巻いて、ワイヤーの間を通し、もう10回巻く。

3

4本目は根元から3cmのところで角度をつける。「2」に合わせて、糸で巻く。

4

5本目も3cmのところで角度をつけ、「3」に付け足し、糸で巻き留めていく。

5

6本目も付け足す。糸は20回巻いて、間を通しさらに10回巻く。

6

巻き終わりには木工用ボンドをつけて余った糸を根元に貼り付けたら、できあがり。

❦ 円の形 ❦

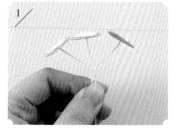

1

中心となるものは根元から2cmの位置を、それ以外は2.5cmの位置に角度をつける。

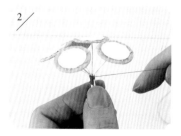

2

まず、3本を合わせて巻き留め、その後、1本ずつ付け足し巻き留めていく。ときどき、ワイヤーの間を通して巻き留める。

3

全体が丸い形になったらできあがり。

Part 5

＊ ＊ ＊ ＊ ＊ ＊ ＊

つまみ細工の
インテリア

イースターガーランド

ポップなカラーと愛らしいうさぎさん。
お部屋に飾ればメルヘンな世界が広がります。
How to make ▶ P96

あじさいのリース

豪華なお花のリースはインパクト抜群。
ガーリーな雰囲気でインテリアの主役に。
How to make ▶ *P98*

花々のウォールデコレーション

トロピカルな花々が織りなす壁掛けです。
つまみ細工の技術がつまった造形美な作品。
How to make ▶ P101

マーガレットのブーケ

シンプルで洗練されたマーガレットのブーケ。
花芯の色に濃淡をつけて、チャーミングな印象に。

How to make ▶ P104

かわいいテーブル飾り

テーブルを彩るピンクと黄色の花弁たち。
大きめのリボンをそえてラブリーにまとめました。
How to make ▶ P106

ピンクのお花のフレーム

ときめくようなデザインのフォトフレーム。
お気に入りの写真を華やかにしてくれます。
How to make ▶ *P108*

イースターガーランド （→p90）

～ 材料 ～

〈イースターエッグ1個分〉
●楕円土台
・台紙（型紙Ａ）… 3枚
・台紙布（一越ちりめん）
　型紙Ａより7mm大きい楕円 … 1枚
●上下の飾り
・布（一越ちりめん）1.5cm角 … 18枚

●お花
・布（一越ちりめん）
　ⓐ2cm角 … 6枚
　ⓑ1.5cm角 … 2枚
●花芯
・ラインストーン6mm … 1粒
●その他
・リボン … 適量

型紙

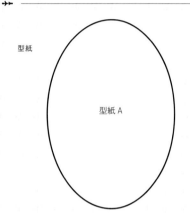

型紙Ａ

《ガーランドの作り方》

❶イースターエッグを4個、うさぎさんを1個作る。
❷右ページの「ガーランド土台」をコピーし、形通りに切り取る。
❸②に①を1個ずつ貼り付ける。
❹③の裏側にリボンを貼り付けて、できあがり。
壁にかわいく飾ろう。

～ 楕円土台の作り方 ～

型紙Ａを3枚用意し、木工用ボンドで貼り合わせる。

「1」を台紙布の中央に貼り付け、周囲にはさみで切り込みを入れる。

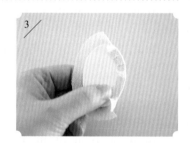

「1」のふちに木工用ボンドを塗り、台紙布でくるんで貼り付けていく。

～ 花弁の配置の仕方 ～

上下の飾りの布を丸つまみ（P24）にし、のり板の上に並べ、左端から配置していく。

2段目は、くぼみ→くぼみ→間→くぼみ→くぼみの順に、丸つまみの先端を差し込んでいく。ⓐの布で丸つまみを6個作り、楕円土台の中央に配置する。

ⓑの布で丸つまみを組み合わせたものを中心に配置し、その中にラインストーンを貼り付ける。下部にも「2」の要領で丸つまみを配置すれば、できあがり。

イースターガーランド-うさぎさん (→p90)

～ 材料 ～

〈うさぎ1匹分〉

●顔土台
・台紙(型紙B) … 2枚
・台紙布(一越ちりめん)
　型紙Bより7mm大きいもの(白) … 1枚

●耳
・布(一越ちりめん)
　4.5cm角(白) … 2枚
　4.5cm角(ピンク) … 2枚

●リボン

・ビーズ6mm … 1粒
・布(一越ちりめん)
　2.5cm角 … 2枚

●その他
・レース7cm … 1枚
・手縫い糸(白) … 適量
・目、鼻 … 図を参照
・唐打ちひも(ピンク)5mm … 1本
・頬紅 … 適量
・コットン綿 … 2枚

型紙

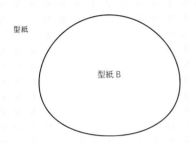

型紙B

《目と鼻》

《ガーランド土台》

《うさぎさんの作り方》

①台紙を2枚木工用ボンドで貼り合わせる。

②①の大きさにコットン綿を2枚切り取り、台紙に木工用ボンドで貼り付ける。コットン綿を貼った面を、台紙布の上に置く。台紙布の周りに切り込みを入れる。
木工用ボンドを台紙のふちに塗り、台紙布でくるみ貼り付ける。

③耳用布で白とピンクを重ねてハートつまみ(P26)にする。細長い形にするため、後ろを多めに重ねる。耳を②の裏に貼り付ける。

④目と鼻の図をコピーし、切り取り、木工用ボンドで顔に貼り付ける。

⑤唐打ちひもを滑らかに曲げて口に見立てて貼り付ける。

⑥レースの上部をなみ縫いし、糸を引っ張り、ギャザーを寄せる。玉止めし糸を切る。

⑦リボン用布をハートつまみにし、2つ向かい合う形に貼り付けて中心にビーズを配置する。頬紅でほっぺを色付けてできあがり。

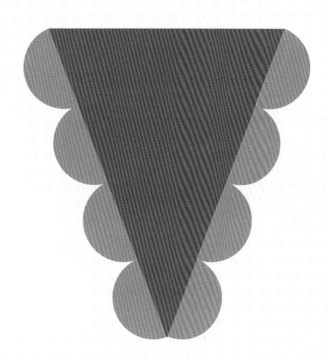

あじさいのリース (→p91)

《構成するお花の種類と数》

① あじさい…花束2つ
・花束はあじさい(極小)9輪、
　あじさい(小)5輪
② あじさい極小…9輪
③ あじさい小…9輪
④ マリーゴールドのお花…3輪
⑤ マリーゴールドの葉っぱ…4つ
⑥ イベリス…2輪

❧ 材料 ❧

〈①②あじさい(極小)〉
●ワイヤー付きクロス土台
・台紙布(ブロード)2cm角 … 1枚
・台紙下　縦4mm×横2cm…4枚
・台紙上　縦4mm×横2cm…2枚
・地巻きワイヤー(24番)18cm
　…1本
●花弁
・布(ブロード)2.5cm角 … 4枚
●花芯
・ビーズ4mm … 1粒

〈④⑤マリーゴールド〉
※材料・作り方はP60〜61を参照。

〈⑥イベリス〉
※材料・作り方はP62〜63を参照。
※イベリスにワイヤーをつける方法はP62
「1」の台紙布の中央に補強用の台紙下
2.1cmを2枚貼り付けて、目打ちで中央に
穴をあける。折り曲げたワイヤー(P9)を穴
に通し、その上に木工用ボンドを薄く塗り
伸ばし、1/2に切ったスチロール球を貼り
付け、台紙布でくるむ。

〈リース土台〉
・裸ワイヤー(18番)45cm … 5本
・フローラルテープ … 適量
※作り方はP14を参照。

〈①③あじさい(小)〉
●ワイヤー付きクロス土台
・台紙布(ブロード)
　2.5cm角 … 1枚
・台紙下　縦5mm×横2.5cm … 4枚
・台紙上　縦5mm×横2.5cm … 2枚
・地巻きワイヤー(24番)18cm
　…1本
●花弁
・布(ブロード)3cm角 … 4枚
●花芯
・ビーズ4mm … 1粒

《あじさい用》

型紙　[　縦 4 mm × 横 2 cm　]　　[　台紙　縦 5 mm × 横 2.5 cm　]
　　　台紙　縦 4 mm × 横 2 cm

❧ あじさいを作る ❧

1 ／
ハートつまみ (P26) の裏側下部 1/3 程度に木工用ボンドを塗り、ワイヤー付きクロス土台 (右ページ) に貼り付ける。

2 ／
2 個貼り付けたところ。向かい合う花弁の角度に気を付けて、全体がバランス良くなるように貼り付けていく。

3 ／
ビーズに木工用ボンドを塗り、ピンセットではさんで、お花の中心に貼り付ける。

∽ ワイヤー付きクロス土台を作る ∽

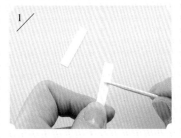

1/ 台紙下2枚を木工用ボンドで貼り合わせる。同じものをもう1セット作る。

2/ 台紙布の中央に十字の形になるように「1」を貼り付ける。四隅を4mm角ずつカットする。角に斜めに切り込みを入れる。

3/ 台紙下の表面にボンドを塗り、布でくるむように貼り付けていく。

4/ 「3」の中心に目打ちで穴を開けて、折り曲げたワイヤーを通す。

5/ 「4」の上に台紙上2枚を十字の形になるよう交差させて、木工用ボンドで貼り付ける。

6/ できあがり。

∽ あじさいの花束を組む ∽

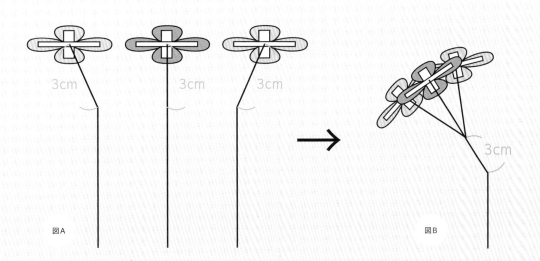

図A

図B

あじさい(極小)3本をそれぞれ根元から3cmの位置でくの字に折り曲げる(図A)。3本を合わせて、糸で巻き留める。その後、図Bのように巻き留めた位置からさらに3cm下の箇所で折り曲げる。

図Bを3セット制作し、それらを糸で組みまとめる。それに根元から5cmのところでくの字に折り曲げたあじさい(小)を5本用意して、1本ずつ付け足し、糸で巻き留める。すべてを巻き終えたらできあがり。

～ リース土台にお花をつける ～

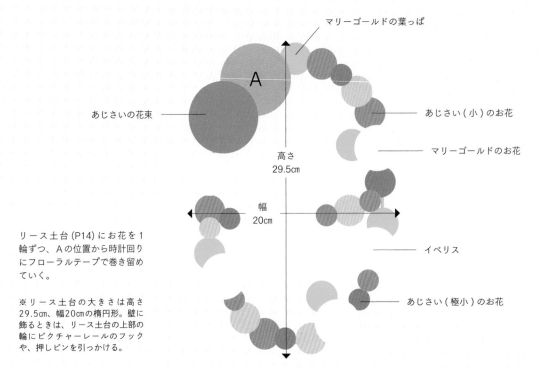

マリーゴールドの葉っぱ

A

あじさいの花束 →

あじさい (小) のお花

マリーゴールドのお花

高さ
29.5cm

幅
20cm

イベリス

あじさい (極小) のお花

リース土台 (P14) にお花を1
輪ずつ、Aの位置から時計回り
にフローラルテープで巻き留め
ていく。

※リース土台の大きさは高さ
29.5cm、幅20cmの楕円形。壁に
飾るときは、リース土台の上部の
輪にピクチャーレールのフック
や、押しピンを引っかける。

～ リースの裏側と斜め横からの写真 ～

～ 動きのある位置のあじさいの取り付け方 ～

| 1 | 2 | 3 |

あじさい (極小) を2輪、あじさい (小)
を1輪用意する。

先端の位置にくるあじさい (極小) のワ
イヤーを滑らかに湾曲させ、そこに次の
位置にくるあじさい (小) を付け足し、
フローラルテープで巻きとめる。

「2」で束ねたワイヤーを下向きに直角
に曲げる。3輪目のあじさい (極小) を
付け足しフローラルテープで巻きとめ
る。

花々のウォールデコレーション(→p92) ✦ ━━━━━━━━━ ◀◀

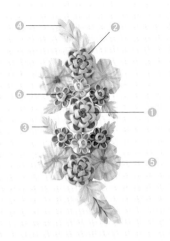

≪構成するお花の種類と数≫
❶ 3段のお花(大)…1輪
❷ 3段のお花(中)…2輪
❸ 剣つまみの葉っぱ…4輪
❹ 葉っぱ(大)…2輪
❺ 変形扇つまみのお花…4輪
❻ 小さいお花…6輪

～ 材料 ～

●花芯
・ラインストーン6mm … 1粒

〈❷ 3段のお花(中) 1輪分〉
●ワイヤー付き丸土台
・台紙布(一越ちりめん)
　3cm角 … 1枚
・台紙下　直径2.1cm … 2枚
・台紙上　直径1.9cm … 1枚
・地巻きワイヤー(24番)12cm … 1本
●花弁
・布(一越ちりめん)
　ⓐ3cm角 … 6枚
　ⓑ2.5cm角 … 6枚
　ⓒ2cm角 … 3枚
●花芯
・ラインストーン6mm…1粒

〈❸剣つまみの葉っぱ1個分〉
●ワイヤー付き葉っぱ土台
・台紙下(型紙A)…2枚
・台紙上(型紙B)…1枚
・台紙布(一越ちりめん)
　型紙Aより一回り大きいもの…1枚
・地巻きワイヤー(24番)
　12cm … 1本
●葉っぱ
・布(羽二重)2cm角…7枚

〈❹葉っぱ(大) 1個分〉
●ワイヤー付き土台
・台紙布(一越ちりめん)
　縦6cm×横1.5cm … 1枚
・地巻きワイヤー(24番)12cm … 1本

●葉っぱ
・布(羽二重)
　ⓐ3.5cm角 … 5枚
　ⓑ3cm角 … 4枚

〈❺変形扇つまみのお花1輪分〉
●ワイヤー付き丸土台
・台紙布(一越ちりめん)
　3cm角 … 1枚
・台紙下　直径2.1cm … 2枚
・台紙上　直径1.5cm … 1枚
・地巻きワイヤー(24番)12cm
　… 1本
●花弁
・布(一越ちりめん)
　ⓐ3.5cm角 … 6枚
　ⓑ2.5cm角 … 3枚
●花芯
・ビーズ4mm … 3粒

〈❻小さいお花 1輪分〉
●ワイヤー付き丸土台
・台紙布(一越ちりめん)
　2.5cm角 … 1枚
・台紙下　直径1.5cm … 2枚
・台紙上　直径1.2cm … 1枚
・地巻きワイヤー(24番)12cm
　… 1本
●花弁
・布(一越ちりめん)2cm角 … 8枚
●花芯
・ビーズ3mm … 1粒

〈❶ 3段のお花(大) 1輪分〉
●ワイヤー付き丸土台
・台紙布(一越ちりめん)
　3.5cm角 … 1枚
・台紙下　直径2.5cm … 2枚
・台紙上　直径2.1cm … 1枚
・地巻きワイヤー(24番)12cm … 1本
●花弁
・布(一越ちりめん)
　ⓐ3.5cm角 … 6枚
　ⓑ3cm角 … 6枚
　ⓒ2.5cm角 … 3枚

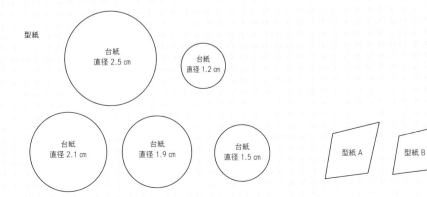

型紙

台紙
直径 2.5 cm

台紙
直径 1.2 cm

台紙
直径 2.1 cm

台紙
直径 1.9 cm

台紙
直径 1.5 cm

型紙 A

型紙 B

∾ 3段のお花（中・大）の作り方 ∾

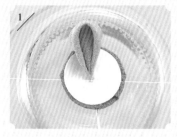

1 ワイヤー付き丸土台に②の布で丸つまみ（P24）を作り、配置する。

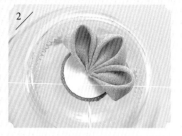

2 丸つまみを3つ配置したところ。裁ち目にしっかりとでんぷんのりをつけてから、貼り付ける。

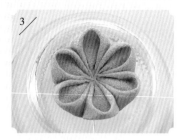

3 6個の花弁を配置し終えたところ。花弁の大きさが同じになるように、ピンセットを背のくぼみに差し込み調整する。

4 2段目は⑥の布で丸つまみを作り、1段目の花弁の間に配置していく。のり板の上で、背のくぼみをあらかじめピンセットで開いて花弁の大きさを調整してから、ピンセットではさみ配置する。

5 3段目は、ⓒの布で丸つまみを作り、2段目の花弁の2つをまたぐように配置する。

6 ラインストーンの裏面に木工用ボンドを塗り、お花の中心に貼り付ける。できあがり。

∾ 葉っぱ（大）の土台の作り方 ∾

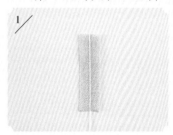

1 台紙布の中心に木工用ボンドでワイヤーを貼り付ける。

2 ワイヤーをくるむように、3つ折りにする。木工用ボンドでしっかりと貼り付ける。

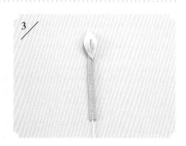

3 先端の葉っぱから順に貼っていく。すべて葉つまみ（P31）にし、②を1つ先端に貼り、次に⑥を4つ貼り、その後、残りの②の葉っぱを4つ貼る。

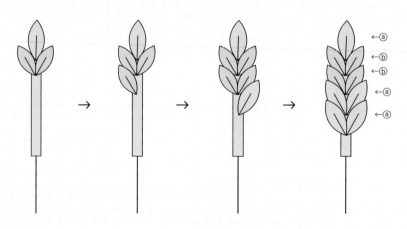

剣つまみの葉っぱの作り方

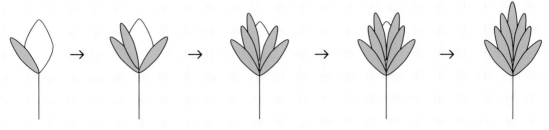

① P33 を参照し、葉っぱの土台を作る。台紙下を2枚貼り合わせ、台紙布でくるん
だら中心に目打ちで穴をあけ、ワイヤーを折り曲げ（P9）穴に通し台紙上を貼る。
② 剣つまみを7個作り、図のように配置していく。

小さいお花の作り方

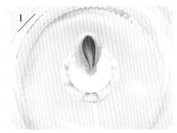

ワイヤー付き丸土台に丸つまみ（P24）
の花弁を配置する。

丸つまみを6つ配置したところ。裁ち
目にしっかりとでんぷんのりをつけてか
ら、貼り付ける。

花芯に、丸つまみを2個組み合わせた
もの（P61）を貼り付ける。ビーズを飾っ
たらできあがり。

変形扇つまみのお花の作り方

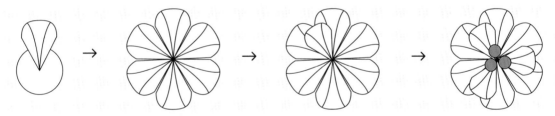

① 変形扇つまみのお花（P39）を参考に②の布で1段目を配置する。
② ⑥の布で2段目を配置し、中心にビーズを貼り付ける。

組み方

① 3段のお花（大）1輪、3段のお花（中）2輪、変形扇つまみのお
花4輪、小さいお花6輪、葉っぱ（大）2輪、剣つまみの葉っぱ4輪
を作る。
葉っぱ（大）は葉つまみを貼り終えた後、滑らかに湾曲させる。
② 上のお花から順番に糸で組んでいく。まず、葉っぱ（大）と3段
のお花（中）を糸で組み、はさみで糸を切り、糸の始末は木工用ボン
ドで糸をワイヤーに貼り付ける。
③ 変形扇つまみのお花は根元から2.5㎝のところで直角に曲げる。
④ 剣つまみの葉っぱと、小さなお花を糸で組んだものを4輪作る。
⑤ 小さいお花の左右のものは根元から1.5㎝の位置でくの字に曲げる。
⑥ 同じように残りのお花も糸で組んでいき、すべて巻き終えたらでき
あがり。

マーガレットのブーケ（→p93）

≪構成するお花の種類と数≫
・マーガレット…8輪
・くるくる丸つまみのハート…2個

～ 材料 ～

〈マーガレット1輪分〉
●ワイヤー付き丸土台
・台紙布（一越ちりめん）
　3cm角 … 1枚
・台紙下　直径2.1cm … 2枚
・台紙上　直径1.9cm … 1枚
・地巻きワイヤー（24番）18cm … 1本
●花弁
・布（ブロード）3.5cm角 … 8枚
●花芯
・台紙布（ブロード）

直径3cm … 1枚
・台紙　直径1.5cm … 2枚
・コットン綿 … 2枚
●その他
・ポリエステル糸　適量

〈くるくる丸つまみのハート1個〉
●花弁
・布（一越ちりめん）
　4cm角 … 2枚

型紙

| 台紙下 直径2.1cm | 台紙上 直径1.9cm | 台紙布 3cm角 |

《花芯の台紙布切り込み位置》

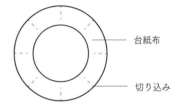

台紙布
切り込み

～ 花芯の作り方 ～

1

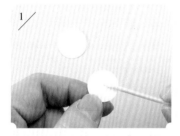

台紙を貼り合わせる。木工用ボンドを全面に薄く塗り伸ばす。

2

「1」をコットン綿の中央に貼り付ける。コットン綿は2枚重ねる。はさみで台紙の形に沿って切り取る。

3

台紙布の中央に「2」を貼り付ける。上図を参照し、周囲にはさみで切り込みを入れる。

4

台紙のふちに木工用ボンドを塗り伸ばし、ピンセットで布を引っぱりながらくるみ、貼り付けていく。

5

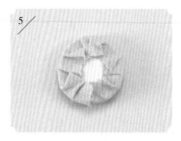

くるみ終えたところ。

6

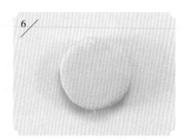

表に向けたところ。できあがり。

∽ 花弁の配置 ∾

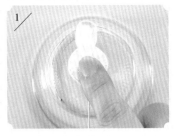

1

ハートつまみ（P26）を作る。ワイヤー付き丸土台（P9）に貼り付ける。花弁の幅を狭くするので、裏側の重ね合わせる部分を多くする。

2

ハートつまみを4個貼り付けたところ。

3

全ての花弁を貼り終えたところ。

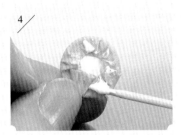

4

左ページで制作した花芯の裏面に木工用ボンドを塗り伸ばす。

5

「3」の中心に「4」を貼り付ける。

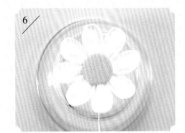

6

できあがり。

∽ 配置 ∾

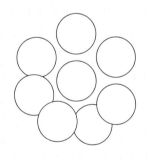

《ブーケの組み方》

❶中心の1輪の根元から4cmのところに印を付ける。

❷1周目の7輪を根元から4.5cmの位置でくの字に折り曲げる。

❸中心の印の位置に、折り曲げた箇所を合わせて、1輪ずつ足しながら糸で巻き留めていく。10回巻いて、下から糸をワイヤーの間に通し、さらに10回巻き留めていく。

❹周囲の7輪はやや重ね合わせて、ランダムな印象になるように巻き留める。

❺8輪を巻き留めたら、糸をはさみで切り、糸の先端に木工用ボンドを塗り、貼り付ける。

❻マーガレットを飾る場所の付近にくるくる丸つまみのハート（P37）をかわいく飾って、できあがり。

∽ 様々な角度からの写真 ∾

正面から見た写真

やや下から見た写真

別の方向から見た写真

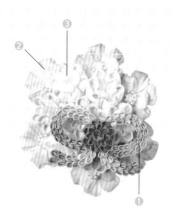

〜 材料 〜

〈❶リボン１個分〉

●ワイヤー付きリボン土台
・台紙(型紙Ａ) … ３枚
・台紙布(一越ちりめん)
　型紙Ａより一回り大きいもの … １枚
・台紙上　直径1.2cm … １枚
・地巻きワイヤー(24番)18cm … １本

●花弁(中心のお花部分)
・布(羽二重)
　ⓐ2cm角 … ８枚
　ⓑ1.5cm角 … 10枚

●花弁(周りのリボン部分)
・布(羽二重)1.5cm角 … 80 枚

〈❷変形扇つまみのお花１輪分〉

●ワイヤー付き丸土台
・台紙布(一越ちりめん)
　3cm角 … １枚
・台紙下　直径2.1cm … ２枚
・台紙上　直径1.5cm … １枚
・地巻きワイヤー(24番)18cm … １本

●花弁
・布(羽二重)
　ⓒ3.5cm角 … ６枚
　ⓓ3cm角 … ３枚

●花芯
・パールビーズ3mm … ８粒
・ラインストーン6mm … １粒
・テグス … 適量

〈❸２段のお花１輪分〉

●ワイヤー付き丸土台
・台紙布(一越ちりめん)
　3cm角 … １枚
・台紙下　直径1.9cm … ２枚
・台紙上　直径1.5cm … １枚
・地巻きワイヤー(24番)18cm … １本

●花弁
・布(羽二重)
　ⓔ2.5cm角 … 12枚
　ⓕ2cm角 … ６枚

●花芯
・ビーズ…4mm … ７粒

≪構成するお花の種類と数≫
❶リボン… １個
❷変形扇つまみのお花… ６輪
❸２段のお花… ７輪

《リボン実物大》

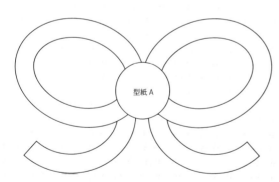

型紙Ａ

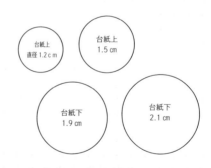

台紙上
直径1.2cm

台紙上
1.5 cm

台紙下
1.9 cm

台紙下
2.1 cm

● 変形扇つまみのお花
P39を参照し6輪作る。

● リボンの作り方
①右ページを参照し、リボン土台を作る。
②中心のお花を作る。１段目用にⓐで丸つまみ(P24)を８個作り、のり板に並べる。①のリボン土台の中央に、花弁を配置していく。
③２段目用のⓑで丸つまみを８個作り、②の上に花弁２つをまたぐように配置する。
④花芯用にⓑで丸つまみを２個作り、のり板の上で組み合わせる(P61)。
⑤④を③の上に配置する。
⑥周りのリボンの布で丸つまみを80個作り、のり板にのせる。
⑦リボン土台の上に⑥を配置していく(P80)。
⑦半日〜１日でんぷんのりを乾かしてできあがり。

● ２段のお花の作り方（P85参照）
①ワイヤー付き丸土台(P9)を作る。
②ⓔで２枚丸つまみ(P25)を６個作り、のり板に並べる。裁ち目にしっかりとでんぷんのりをつけ、①に配置していく。
③ⓕで丸つまみを６個作る。
④１段目の花弁２つをまたぐように③を配置していく。
⑤テグスにビーズ４mmを６粒通し輪にして、④の中心に木工用ボンドで貼り付ける。輪の中心にビーズ１粒を貼り付ける。
⑥同じものを７輪作る。

∽ リボン土台の作り方 ∽

1

型紙Aをコピーするか、薄紙にトレースして、画用紙に貼り付ける。

2

3枚の画用紙を木工用ボンドで貼り合わせ、型紙Aの線に沿ってはさみで切り取る。

3

型紙Aより一回り大きな台紙布に「2」を貼り付ける。周囲に切り込みを入れる。

4

台紙布でおおったリボン土台の中心に、ワイヤーを通す。

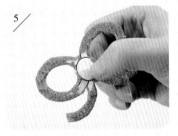

5

「4」に台紙上を貼り付ける。しっかりと押さえて、はがれてしまわないようにする。

6

できあがり。

∽ 組み方 ∽

□ 中心　2段のお花…1輪　　　　■ 2周目　変形扇つまみのお花…6輪

□ 1週目　2段のお花…6輪　　　　■ リボン…1個

❶2段のお花7輪、変形扇つまみのお花6輪、リボン1個を作る。
❷中心になる2段のお花1輪の根元から2.5cmのところに印をつける。1周目の2段のお花6輪は根元から3cmのところをペンチでくの字に曲げて、中心のお花と1輪ずつ付け足す形で糸で組み上げる。(P88)
❸変形扇つまみのお花は根元から3.5cmのところでくの字に曲げて、❷に1輪ずつ付け足して糸で組み上げる。

❹リボンを左図の位置に差し込み、束ねている位置で糸で巻き留める。
❺すべてを組み上げたら、糸を切り、束ねたワイヤーに木工用ボンドで貼り付ける。
❻余ったワイヤーをカットして、飾りたい場所に置く。ドレッサーの鏡のわきに左右対称にして飾ったり、食卓テーブルの中心に3つ直線的に並べてもかわいい。
❼できあがり。

正面からの写真

左斜めからの写真

右斜めからの写真

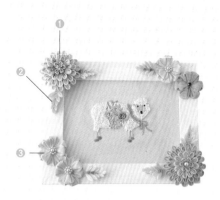

≪構成するお花の種類と数≫
① 半球お花…2輪
② 葉っぱ…6個
③ 変形扇つまみのお花…4輪

～ 材料 ～

〈❶半球お花1輪分〉
● 半球土台
・台紙布（一越ちりめん）
　7cm角 … 1枚
・スチロール球5cm … 1/2個
● 花弁
・布（羽二重）
ⓐ 1.5cm角 … 12枚
ⓑ 2cm角 … 88枚
● 花芯
・座金 … 1個
・ラインストーン6mm … 1粒

〈❷葉っぱ1つ分〉
● 長方形土台
・台紙　縦4cm×横1.5cm … 2枚
● 葉っぱ
・布（羽二重）

ⓒ 2.5cm角 … 8枚
ⓓ 2cm角 … 10枚
● 飾り
・ビーズ3mm … 5粒

〈❸変形扇つまみのお花1輪分〉
● 丸土台
・台紙布（一越ちりめん）
　3cm角 … 1枚
・台紙下　直径2.1cm … 2枚
・台紙上　直径1.5cm … 1枚
● 花弁
・布（一越ちりめん）
ⓔ 3cm角 … 3枚
ⓕ 3.5cm角 … 6枚
● 花芯
・パールビーズ3mm … 8粒
・パールビーズ6mm … 粒
・テグス…適量

《花弁の配置図》

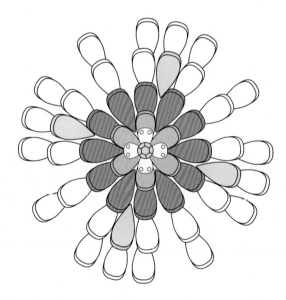

※図ではわかりやすいように空間をあけて
いるが、実際はピンセットで花弁を広げる
など調整して隣の花弁との空間を埋める。

▨ 1段目…ⓐ2枚丸つまみ6個を配置。

▨ 2段目…ⓑ2枚丸つまみ12個を配置。

☐ 3段目①…ⓑ2段目の花弁のくぼみに1個ずつ12個を配置。

☐ 3段目②…ⓑ2段目の花弁の間の図の位置に4個を配置。

☐ 4段目…ⓑ3段目のくぼみに16個を配置。

《半球土台》

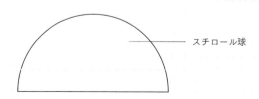

スチロール球

下から0.8cmの位置でまっすぐにカット
する。カッターで切り終えると、残った
半球の高さは1.7cmになる。

∽ 葉っぱの作り方 ∽

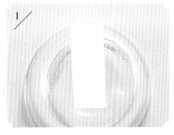

1

ガラスコップの上に、マスキングテープを輪にして貼り付け、その上に長方形台紙を貼り付ける。

2

ⓒの布で2枚剣つまみ (P30) を作り、裁ち目にしっかりとでんぷんのりを付け、長方形土台の左下に2個配置する。

3

左側の葉っぱと左右対称になるように右側にも配置する。

4

葉っぱは左右同じ角度になるように貼り付けると美しい。

5

残りのⓒの葉っぱを貼り付けたら、次にⓓの布も2枚剣つまみにして写真のように貼り付ける。

6

葉っぱをすべて配置し終えたところ。のりが乾いたら、余分な台紙をカットして、中心にビーズを貼り付けたらできあがり。

《フレームへのお花の貼り付け位置》

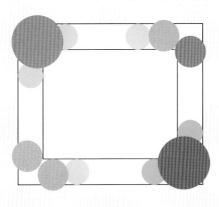

《長方形土台用》

台紙　縦4㎝ × 横1.5㎝

❶半球のお花2輪を左ページの図を参照し作る。花弁は2枚丸つまみ (P25)。でんぷんのりを裁ち目に付け、半球土台の中心から配置していく。半球土台の作り方は P62 を参照する。
❷変形扇つまみのお花 (P28) を4輪作る。
❸葉っぱを6つ作る。葉は2枚剣つまみ。(P30)
❹半日～1日程度乾かして、フレームに木工用ボンドで貼り付ける。葉っぱはお花の両脇に先端を差し込むようにして貼り付けるとかわいくなる。
❺できあがり。

∽ 半球のお花・花弁の配置 ∽

真上から見た写真

斜めから見た写真

花芯に貼り付ける座金やラインストーンを変えると雰囲気が変わる。ビーズやパールビーズなど好きなものを貼ってみよう。

布絵具での布の染め方

《用意するもの》

- ・布絵具
- ・布（ブロード）
- ・筆
- ・水
- ・筆洗い用の容器
- ・キッチンペーパー

1

布絵具を適量、小皿に出す。

2

水入れから、小皿に水を入れる。筆を水に浸す。

3

水を含ませた筆で「1」を混ぜる。

4

正方形にカットした布を用意し、キッチンペーパーの上に置く。四隅に「3」の筆で塗っていく。絵具を塗り伸ばすというよりは、絵具を置いていくという感じで行う。

5

四隅に塗り終えたところ。適度に水を含んでいるので、自然に広がりグラデーションになる。（布自体を一度水で濡らすとグラデーションが出やすい）

6

「5」を丸つまみ（P24）に折ると、先端に色がでて美しい。

7

次に、正方形の布の中心に、絵具を塗る。水を適度に含ませているので、グラデーションが周囲に広がっていく。

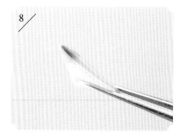

8

布が乾いてから、剣つまみ（P30）に折った状態。頂点のあたりに色が出る。

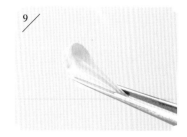

9

「7」を丸つまみに折った状態。頭のあたりに色が出る。

※布全体を染める場合（羽二重、ブロードなど）は手芸店やホームセンターなどで販売されている一般的な染料を本書では使用しています。粉末タイプや液体タイプなど様々なものが販売されているので、自分に合ったものを選びましょう。お湯の温度や用意するものがそれぞれのメーカーや染料のタイプにより異なるので、染料の説明書をよく読んで、やけどなどをしないように気を付けて染色しましょう。

Shiori Fujikawa Art Works

「穏やかな日々〜藤川しおり展」2018年7月（東京・青山）より

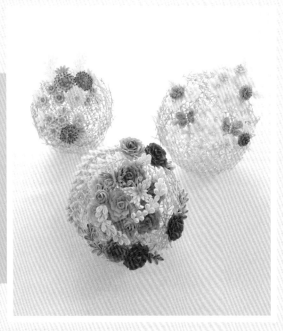

「藤川しおり展〜夢の世界で〜」
2016年12月〜2017年1月（東京・汐留）より

藤川 しおり　*Fujikawa Shiori*

手芸作家
「創作スタディオS」主催。
講座での指導、個展、展覧会での作品発表など。
また、書籍、雑誌などの仕事もおこなう。
著書に『洋風でかわいいつまみ細工』（マイナビ出版）、
『はじめての可憐なつまみ細工』（永岡書店）、
『つまみ細工の小物づくり〜花飾りで毎日を彩る〜』（大泉書店）がある。
公式WEBサイト　https://shiorifujikawa.com

〈材料協力〉

■貴和製作所　浅草橋本店
TEL：03-3863-5111
https://www.kiwaseisakujo.jp/

■パーツクラブ　浅草橋本店
TEL：03-3863-8482
https://www.partsclub.jp/

Staff

写真	藤川しおり（表紙、裏表紙、P2、P16〜23、P90〜95、P111）
	尾島翔太（プロセス、P44〜51、P68〜75）
	創作スタジオS（プロセス）
デザイン	根本綾子（Karon）
イラスト	藤川しおり
アシスタント	星野純子、坂本詠子（創作スタジオS）
スタイリング	藤川しおり
撮影協力	木村柚加利
企画・編集	伏嶋夏希（マイナビ出版）

洋風でかわいいつまみ細工

2021年3月22日　初版第1刷発行

著者	藤川しおり
発行者	滝口直樹
発行所	株式会社マイナビ出版
	〒101-0003　東京都千代田区一ツ橋2-6-3　一ツ橋ビル2F
	TEL：0480-38-6872（注文専用ダイヤル）
	TEL：03-3556-2731（販売部）
	TEL：03-3556-2735（編集部）
	E-mail：pc-books@mynavi.jp
	URL：https://book.mynavi.jp
印刷・製本	シナノ印刷株式会社

[注意事項]
・本書の一部または全部について個人で使用するほかは、著作権法上、株式会社マイナビ出版および著作権者の承諾を得ずに無断で模写、複製することは禁じられております。
・本書について質問等ありましたら、上記メールアドレスにお問い合わせください。インターネット環境がない方は、往復ハガキまたは返信用切手、返信用封筒を同封の上、株式会社マイナビ出版　編集第2部書籍編集3課までお送りください。
・乱丁・落丁についてのお問い合わせは、TEL：0480-38-6872（注文専用ダイヤル）、電子メール：sas@mynavi.jpまでお願いいたします。
・本書の記載は2021年3月現在の情報に基づいております。そのためお客様がご利用されるときには、情報や価格が変更されている場合もあります。
・本書中の会社名、商品名は、該当する会社の商標または登録商標です。

定価はカバーに記載しております。